欧洲学术丛书
孙周兴　冯俊　主编
赵千帆　执行主编

# 语言与世界：洪堡哲学思想评述

## Wilhelm von Humboldt

[德] 缇尔曼·波尔舍　著
Tilman Borsche
赵劲　译

同济大学出版社·上海
TONGJI UNIVERSITY PRESS · SHANGHAI

**图书在版编目（CIP）数据**

语言与世界 ：洪堡哲学思想评述 /（德）缇尔曼·波尔舍著 ；
赵劲译 . -- 上海 ：同济大学出版社，2024.5
（欧洲学术丛书）
ISBN 978-7-5765-0648-8

Ⅰ. ①语… Ⅱ. ①缇… ②赵… Ⅲ. ①洪堡特
(Humboldt, Wilhelm Freiherr von 1767–1835) –哲学思想
–思想评论 Ⅳ. ① B516.39

中国国家版本馆 CIP 数据核字 (2023) 第 001829 号

图字：09–2024–0253 号

插图来源：柏林艺术与历史档案馆


“十四五”国家重点出版物出版规划项目

欧洲学术丛书

语言与世界：洪堡哲学思想评述

［德］缇尔曼·波尔舍 著　　赵劲 译

丛书策划　熊磊丽　张　翠
责任编辑　张　翠
责任校对　徐春莲
装帧设计　张　微　李　丽

出版发行　同济大学出版社 www.tongjipress.com.cn
　　　　　（地址：上海市四平路 1239 号　　邮编：200092　　电话：021–65985622）
经　　销　全国新华书店
印　　刷　上海颛辉印刷厂有限公司
开　　本　710mm × 960mm　1/16
印　　张　11.5
字　　数　230 000
版　　次　2024 年 5 月第 1 版
印　　次　2024 年 5 月第 1 次印刷
书　　号　ISBN 978-7-5765-0648-8
定　　价　78.00 元

# 总　序

欧洲曾经是一个整体单位。中古基督教的欧洲曾以教会和拉丁文为基础形成相对统一的文明形态。文艺复兴前后，欧洲分出众多以民族语言为基础的现代民族国家。这些民族国家有大有小，有强有弱，也有早有晚（德国算是其中的一个特别迟发的国家了），风风雨雨几个世纪间，完成了工业化—现代化过程。而到20世纪的后半叶，欧洲重新开始了政治经济上的一体化进程，1993年11月1日，“欧盟”正式成立。至少在名义上，又一个统一的欧洲诞生了——是谓天下大势，分久必合，合久必分么？

马克思当年曾预判：要搞社会主义或者共产主义，至少得整个欧洲一起搞——可惜后来的革命实践走了样。一个统一的欧洲显然也是哲人马克思的理想。而今天的欧盟似乎正在一步步实现马克思他老人家的社会理想。虽然欧盟起步不久，内部存在种种差异、矛盾和问题，甚至有冲突和分裂的危险，但一个崇尚民主自由的欧洲，一个重视民生福利的欧洲，一个趋向稳重节制姿态的欧洲，在今天的世界上是有特别重要的地位和价值的。

马克思之后，欧洲文化进入到一个全面自我反省的阶段。哲人尼采发起的现代性文化批判尤其振聋发聩，但他依旧怀有对“好欧洲人”的希冀。而20世纪上半叶相继发生的两次世界大战，更是彻底粉碎了近代以来欧洲知识人的启蒙理性美梦和欧洲中心主义立场，从此以后，“世界历史”进入一个全新的阶段。但另一方面，我们也不得不看到，欧洲的哲学—科学—技术—工业—商业体系，至今仍旧是在全球范围内占统治地位的知识形态、文化形式、制度设计、生产和生活方式。这就是说，今天世界现实的主体和主线依然是欧洲—西方式的。现代性批判的任务仍然是未完成的，而且在今天已成为一个全球性的课题。

欧洲已经是“世界历史性”的欧洲。有鉴于此，我们当年创办了“同济大学欧洲思想文化研究院”。也正因此，我们今天要继续编辑出版“欧洲学术丛书”，愿以同舟共济的精神，推进我国的欧洲文化研究事业。

孙周兴

2017 年 8 月 25 日写于海口

2023 年 4 月 27 日改写于杭州

# 目　录

## 第三章　自然



## 第四章　艺术

## 第五章　语言



## 附　录

# 本书引文说明

在可能的情况下，根据《威廉·冯·洪堡文集》（= GS，参见“部分参考文献”第 3 条；= WW，参见“部分参考文献”第 1 条），采用卷本（罗马数字）和页码（阿拉伯数字）说明的方式对其引用。

古典思想一类的引文，以通行的缩写方式引证其作者。

其他皆标注作者姓名和本书附录中参考文献对应的编号以及页码说明。

# 译者序

威廉·冯·洪堡(1767—1835)是德意志著名政治家、教育家、外交家、比较语言学家和语言哲学家，对德国乃至世界文明的发展和现代化进程都作出了重大贡献，是德意志文化史上影响最为深远的人物之一，“作为年轻成员与歌德、席勒组成铁三角共同创建了德意志古典文学时期的金字塔”[1]。

从1856年鲁道夫·海姆（Rudolf Haym）出版关于威廉·冯·洪堡的第一本传记《威廉·冯·洪堡：生平与特点》（*Wilhelm von Humboldt：Lebensbild und Charakteristik*)开始，几乎每个时代都有他的新传记问世，迄今已有十余本。这些书分别展现了洪堡及其思想的不同侧面，并使之日渐丰满。本译本原著出版于1990年，由德国希尔德斯海姆大学哲学教授缇尔曼·波尔舍撰写，内容基于其1988年在波恩大学授课时的讲义。除了简要介绍洪堡的生平，该书主要从历史哲学、自然哲学、美学和语言哲学的视角对洪堡的著述及其政治实践、教育改革进行了全面评述，属于最为著名的洪堡学术传记之一，在学界享有很高的声誉。

为了让中文读者对洪堡其人及其思想有一个全面的了解，该书译本《洪堡哲学思想评述》曾于2017年在同济大学出版社出版，由笔者与当时的博士生陈嵘共同翻译。此次应孙周兴教授邀请，将该书译本收录

1 参见：Peter Berglar. Wilhelm von Humboldt in Selbstzeugnissen und Bilddokumenten[M]. Reinbek bei Hamburg：Rowohlt，1970：42.

于“欧洲学术丛书”，笔者并根据同样收录于丛书的《洪堡语言哲学和语言学（一）》和《洪堡语言哲学和语言学（二）》，对前一版译文进行了全面修改，同时在概念运用和语言表达方面也作了重大调整，以飨读者。对于陈嵘博士在前一版译本中所做的工作，特此表示感谢！

赵劲

2023 年 9 月于上海

# 前言

从接受史的角度看，“伟大的思想家”系列丛书（本书德文版所属系列——译者注）收入并介绍洪堡，是引人注目之举。因为长久以来洪堡并没有受到哲学界的重视。直到过去的25年间，哲学的语言学转向也席卷了德国的唯心主义古典思想家，洪堡才得到了以其卓越的思想所应获得的关注和尊重。

从那时起，哲学界对洪堡的浓厚兴趣与语言学界对自身历史的兴趣卓有成效地结合了起来。虽然，早在20世纪20年代就出现过一个颇有影响力的学派，明确引证了洪堡的思想，也就是后来由莱奥·魏斯格贝尔（Leo Weisgerber）创立的“活力语言学”（energetische Sprachwissenschaft）。但颇具历史讽刺意味的是，直至70年代末——乔姆斯基勇敢而无望地试图申明洪堡是其所创建的“笛卡尔语言学”（cartesianische Linguistik）的同道者，作为对此举的回应——学者们才开始对洪堡语言学理论进行彻底的研究。在此期间，发展起来了一门包含多种观点、内容广泛的洪堡语文学。

在今天这样一个有利的局面下，重新整体介绍洪堡著作的努力是值得期待和富有前景的。本书便是这种努力的成果。本书顺应科学历史的发展，以洪堡全部著述中的语言哲学为核心，探求洪堡思想中美学、政治学、历史哲学与自然哲学是如何围绕这一中心展开的。通过这种方式，本书对洪堡的生平和哲学思想重新编排，特别强调了洪堡对于我们当代思想的意义所在。

本书试图引导读者从内部去理解洪堡的著作，因而只是为了理解的需要而引述原文。同样，为了消除理解上的障碍，对他少为人知的、根植于近代自然哲学的思想作了较为详细的介绍。

至今洪堡的著作还未直接表现出多大的影响力。人们必须在他著作所涉猎的领域中去寻找——但收效甚微。仅仅只有 19 世纪的历史主义，自觉并坚定地以洪堡题为“历史学家的使命”的著名的科学院讲话思想为出发点。与此相反，施坦因塔尔（H. Steinthal），这位民族心理学专家和洪堡语言学遗作的出版者，在 19 世纪实证主义语言学内部遭到孤立。美学研究方面情况更为不妙。由于对康德思想的执着追求且形式反常，它们几乎没有引起同时代人的任何共鸣，并被迅速遗忘。直至今日，经过第一阶段对洪堡深入的科学史研究之后，才产生了广泛接受其著作的相对有利的条件。本书也期望能为此作出贡献。

为了引导读者去独立阅读，本书力求展现洪堡思想的原貌。然而，他的遗作大部分尚未发表，缺乏系统性。他不是带着教学的目的去写作，而首先是为了让自己弄清事物的本原。因此，他所涉猎的每一个主题都在他的整个思想体系下展开，且与无数来自其他领域的问题交织在一起。为了解决由此产生的阅读困难，本书在结构上进行了系统划分。从生平的各阶段开始，先介绍他的政治理论和实践，然后是历史和自然哲学，最后是美学和语言学——从泛泛的介绍逐步过渡到哲学上的反思。

本书初稿以我 1988 年在波恩大学的授课讲义为基础。在此我要对参加讲座以及相应研讨课的听课者及学员表示衷心感谢，感谢他们所展现的兴趣、关注和提出的大量建议，这些都使本书受益匪浅。

缇尔曼·波尔舍

1989 年秋，波恩

# 第一章　生平和著作

## 1　引论

### 威廉·冯·洪堡其人

人们通常不会把洪堡归入哲学家的行列。他自己也极少这样做。那么应该如何对他归类呢？正如人们所了解到的，他是一位庄园主和外交官。他作为批评家、语文学家、翻译家和诗人的身份鲜为人知，作为语言研究者和政治家的身份著称于世。他兼具所有这些身份，但是无一领域明确成为其毕生事业的核心。有人称他是“经典书信大师”，洪堡研究档案馆负责人菲利普·马特森（Philip Mattson）在整理洪堡的往来信件时统计出12467封，这还不包括后来增补的部分[马特森(Mattson); Nr. 8]。不仅如此，洪堡还是一位以信件来回应生活的人，他所说的和所做的似乎都要放在他所处的环境中才能显现其意义。然而，作为作家的他却是最难以捉摸和归类的。也许应该这样来理解，他的作家身份表明了作家是什么：不是从事创作的人，而是一位擅长倾听然后提出有创见性答案的人。

如同他的生活和所经历的事件，洪堡的著作也是分散的。他本人只出版了其中的一小部分。此外还有大量的构思和草稿；而更多的是书信，尽管早已保存不全；还有一些日记和重要的公文，涉及他对具体历史问题的看法和观点。显然在洪堡看来，他所追求的事业并不是著书立说并

威廉·冯·洪堡留下的画像并不多。这幅木刻作品根据爱德华·施特罗琳（Eduard Stroehling，1768 – 1826）1814 年（？）的画作制成，展现了这位在反对拿破仑的独立战争与维也纳会议期间那个动荡时代中的普鲁士外交官的形象。

加以出版。这些成果只是他工作的副产品。而真正的作品对他而言是他这个人本身：用词语塑造一种精神个性——这便是他存在的意义和所要传递的信息。

出于对康德（Kant）批判哲学的敬畏和对“真正”哲学的那种普遍性要求的反感，洪堡认为他自己所从事的并不是哲学。他用复数形式谈论“形而上学”[1789 年 9 月 28 日致弗斯特（Forster）的信；Nr. 1：1，281]，并在“形而上学”那里看到了不同时代的表达和作者的个性。接近歌德（Goethe）的观点，洪堡在费希特（Fichte）的“自然法权”影响下于 1798 年 5 月 5 日给席勒（Schiller）写信道：“我喜欢率性而为，因而我在很多著名的论说中只看到展现个性的格言。”（纪念版；24，575）

不同于后康德时代的洪堡同代人，亦即后来被称为“德意志唯心主义”的职业哲学家们，对洪堡思想的统一性和多样性进行描述可能无法遵从一个体系的内在规律，而是必须反其道行之，在某种程度上要在表象中寻找精神内核。洪堡思想的多样性源自大量理论与实践上的建议与要求；而追述往事，他思想的统一性则体现在他对诸多完全不同情况的清晰明了的回答上。洪堡思想的一个特征是，反思思考者的境况来了解思考内容的意义，换句话说，不能将哲学与哲学家的个性进行分离。在这一点上（且不止于这一点），洪堡较之其之前的思想家更接近于尼采。从这个角度便能理解，他为何不将自己视为哲学家，但是相反，我们有理由将他看作一个哲人。

## 本书章节介绍

在这种情况下，从洪堡的生平出发来介绍他的著述，符合本书的目的。因此本书的第一章在简单的综述之后，先介绍他的生平，然后再论述本书作为一本传记所涉及的编排问题。

第二章通过介绍和评价其政治生涯，进一步挖掘洪堡生平的点滴，并按其生平顺序：先是政治理论，再是政治实践，最后是历史哲学的反思。如果以知名度为衡量标准，那么他的政治活动，如果不算上他在罗马停留时期，只占去了他 68 年全部生命的 11 年，却可能是他毕生事业中最重要也最有影响力的一部分。这一事实可以纪念洪堡逝世 150 周年巡回演讲活动为例说明。该活动于 1985 年 5 月在柏林举办，洪堡研究会（威廉分会）主席施勒拉特（B. Schlerath）并于 1986 年出版了相关论文集（Nr. 31）。这部论文集中，一半以上的文章是关于政治学，特别是其中的教育学问题，而针对哲学、语言学和美学的论文各自只有一篇。

洪堡的教育理念与他的政治思想紧密相连。他对普鲁士教育事业所进行的改革是他政治活动中最为人熟知的一部分。因而，其改革的基本思想将在第二章专述。正是在这个领域，人们表现出了对他最强烈的偏见；也是在这个领域，他受到了人们最激烈的褒贬。因为我们的教育机构，特别是大学的荣辱，以一种神秘的方式与洪堡的名字联系在了一起。

在论述了洪堡的政治思想和政治活动之后，自然就要介绍洪堡后来的历史哲学观点。这里洪堡鲜明地展现了他介于启蒙主义与浪漫主义，赫尔德（Herder）的人类历史观、席勒的进步乐观主义和黑格尔（Hegel）的历史哲学之间的独到立场。在这种关系中探问洪堡特有的历史作用，即他对后世的影响显然合乎情理。但初步看来他的影响之微弱却令人惊讶。

从对第二章的提示便可看出，对洪堡的介绍能够同时也必须通过外部视角来逐步展开。本书会提到洪堡所涉猎的所有领域和学科，也就是洪堡通过探索这些领域以增长知识并塑造自我，以及通过这种自我塑造反作用于这些学科领域。他的榜样并不是不顾业已形成的自然和既成事实的历史而在制图板上设计几何图形的巴洛克式的城市规划者；也不是决心重新构筑哲学大厦基础的笛卡尔（Descartes）。洪堡的所思所为更多的是作为一位政治家，尝试去理解国家的自然生态和传统，并且在必要时小心谨慎地对其加以修正——以便“做得更好”（ad melius esse；这一表述来自康德，可以追溯到亚里斯多德（Aristotle）的自然哲学思想，在介绍洪堡的自然哲学时将对其作进一步的论述）。

早在年轻时代，洪堡就详细研究过人类学问题。这些研究构建了他对教育理论和历史哲学的思考框架。在很多研究者看来，对人的探索是洪堡思想的终极视野和最高目标，尤其是这种评价也与时代的博爱思想相契合。此外，通常被忽视的是，洪堡将人类学置于具有前批判主义传统的自然哲学框架之中，这种关系未能引起学者们足够的重视和研究——也许恰恰是因为人们大多出于人文主义人类观对他的思想进行整体解释，正如斯普朗格（E. Spranger）于 1909 年（Nr. 20）或门策（C. Menze）于 1965 年（Nr. 55）在其颇具影响力的专著中所表述的那样。洪堡著作中自然哲学的立场和动机以及近代哲学的根基是本书的中心，构成了篇幅最长的第三章。在此我们有可能重新深入理解洪堡以及他在我们思想史中的重要地位。

洪堡与古典时期的关系以及他的希腊人理想得到了较为广泛的研究。这也是形成他思想的一个重要领域。因为希腊人对他而言根本不只是一个民族和一种文化。他们是享有特权的他者，是我们思想的来源，并且可以、能够以及必须自始至终作为我们自我衡量的标准。也许更确切地说，并不是我们参照希腊人来衡量自己，而是洪堡时代的权威人物这样做了，他们别无选择地将希腊人在他们心中的形象置为标准，并试图论证这一形象的历史真实性。从他所处的时代条件出发，洪堡完全明白他与希腊人有着特殊的关系。因而，认识洪堡精神并不意味着我们现在要用同样的方式奉行希腊人崇拜，正如他出于一定的原由所做的、在他那个时代所流行的那样；而我们要从我们的时代条件出发去追寻理想，借此来相应地塑造我们自己。——这里寥寥几句也许已经点明了希腊人作为业余学究的形象［进一步的分析与讨论参见朱利安（Quillien）；Nr. 58］；对希腊人本书不设独立章节论述。

从语文学可以比较容易地过渡到美学，这便是第四章的主题。美学也许是洪堡在他那个时代进行科学研究最为透彻和最为持久的领域。在这一方面他完全到达了当时的理论高度——1794 年至 1795 年耶拿的费希特时期，洪堡与席勒和歌德探讨过美学问题。他不仅在那个时代最重要的刊物上发表论文，而且出版了他生前唯一出版的著作：他在新的诗学框架下对歌德和他的市民史诗《赫尔曼与窦绿苔》（*Hermann und Dorothea*）进行了批判性评价。美学也是他讨论康德哲学的领域。正如其他很多康德的追随者一样，他以《判断力批判》（*Kritik der Urteilskraft*）为出发点，从中发展出了他自己关于诗学想象力的理论。由此所建立的范畴将对他后来的语言哲学——如果可以简化，不用他自己的表述而这么称呼的话——产生了关键性的影响和决定性的作用。

本书所涉准备性主题由此便可画上句号：个人传记、政治传记、教育改革、历史哲学、自然哲学、语文学和美学。这是洪堡驰骋穿行的最重要的领地，在这里他塑造思想、孜孜追求他最终得以形成的见解——这是人们回顾他的思想所得出的结论。他在研究过程中所获知的一切都浓缩在语言所形成的“精神个性”（geistige Individualität）这一概念之中。他试图在他广泛的、贯穿其一生的语言研究中探究这个概念的多样性。本书第五章即最后一章将论述洪堡的“普遍历史语言学”，主要尝试说明这些研究的哲学意义。

对于最后一章的结构划分还缺少外部主线。因为洪堡批判所有前人的语言观，并试图重新奠定语言研究的基础，所以无法遵循传统的对语言研究的划分方法。似乎更应以洪堡语言哲学的主题为准线。第一节引论部分（“语言哲学”）将深入探讨语言哲学这一概念，并尝试解释它的过去、现在以及将来可能的发展；当然这是一个只能在历史框架下讨论的问题。下面三节则根据其自身的逻辑划分：先是论述思维与言说的关系或是逻辑与语法的关系，用康德的话说，这也许可以表述为知性与想象力之间的关系。其次是语言与现实的关系或是意义与世界观的关系，用柏拉图（Platon）的话说，是名与实之间的关联。第三个主题较为复杂并涉猎广泛，一方面涉及概念和普遍性的问题。其中包括语言多样化的必然性问题，用洪堡的话说，有关人类语言构造的差异；或用神话的语言，有关巴别塔的建造（Turmbau zu Babel）。然而，这个问题处在理解与不理解这一更为广阔的境界之中，用洪堡的视角观之，这一问题便以全新的面貌得以呈现。这是关于在现实言语中思想的形成，特别是他人即交际对方在所有言说中的作用问题；人们还可以说，当然这仅仅表明了问题的广度：是意欲为之还是创造力的问题——二者也许意义相同。

## 2　生平

威廉 1767 年 6 月 22 日出生于波茨坦（Potsdam）。两年后，1769 年 9 月 14 日，他的弟弟亚历山大（Alexander）出生。

他父亲的家族来自波莫瑞（Pommern）。如果往前追溯，自 16 世纪这个家族就为勃兰登堡的选帝侯和普鲁士国王培养官员和军官。他的祖父约翰·鲍尔（John Paul，1684 – 1740）是军官，1706 年受伤，八年后退休，1738 年在给弗里德里希·威廉一世（Friedrich Wilhelm Ⅰ）的上书中提出贵族头衔申请，申请被批准。他的父亲亚历山大·乔治（1720 – 1779）也是军官，同样因受伤于 1761 年退役，1765 年被任命为王储夫人的侍从官（直至 1769 年王储解除婚姻），自那以后便进入了后来的国王弗里德里希·威廉二世（Friedrich Wilhelm Ⅱ）的密友圈，国王还是他长子威廉的教父。1766 年，他娶了小他 21 岁的玛丽·伊丽莎白·柯罗姆博（Marie Elisabeth Colomb，1741 – 1796）。

亨利·柯罗姆博（Henri Colomb），威廉的曾外祖父，是巴黎的商人，来自加尔省（Department du Gard）布劳扎克（Blauzac）的地主家庭，17 世纪移居到向南 18 公里的地区首府尼姆（Nîmes），到大革命以后仍属于富裕的市民阶层。作为胡格诺派教徒，亨利在南特敕令（Edikt von Nantes，1685）终止后逃离巴黎去了哥本哈根（Kopenhagen），在那里他娶了另一个胡格诺派教徒，让·亨利·德莫尔（Jean Henri de Moor，洪堡的高外祖父）的女儿为妻。让·亨利·德莫尔随后不久受到大选侯的邀请，将他的制镜场从哥本哈根搬到了位于勃兰登堡（Brandenburg）多塞河畔的诺伊斯塔特（Neustadt an der Dosse）。制镜场由亨利的儿子继承下来，即让·亨利·柯罗姆博（Jean Henri Colomb，洪堡的外祖父），他又娶了普鲁士总财务官威廉·杜汉（Wilhelm Durham，洪堡的曾外祖父）的女儿为妻。威廉·杜汉祖籍苏格兰，娶了玛丽·格勒克纳（Marie Glöckner）。曾外祖母玛丽家族来自普法尔茨，在她身上传记作家们总算找到了洪堡兄弟学识渊博的先辈——其家族中有三人曾短暂做过海德堡大学的校长，他们是：一，德国宪法教授，后来成为拿骚侯爵迪茨（Diez）的顾问和办公厅主管的乔治·吉斯贝尔特·格勒克纳（Georg Gisbert Glöckner，1640 – 1689，洪堡兄弟的高祖父）；二，云游四方，曾是两任普法尔茨选帝侯保健医生的医学教授彼特·德斯毕纳（Peter de Spina，1563 – 1622，洪堡第七代高祖）；三，饱受争议的梅斯（Metz）和蒙裴嘎特（Mömpelgard）地区胡格诺派领袖，后来成为海德堡神学教授和教区委员会委员的丹尼尔·图塞（Daniel Toussain，1541 – 1602，洪堡第九代高祖，族谱整理编号 502）[ 以上说明依据马森巴赫（Massenbach）；Nr. 38]。

除了从娘家所继承的财产，母亲玛丽·伊丽莎白，即守寡的霍尔维德（Holwede）男爵夫人，也将其在第一次婚姻中继承的庄园和泰格尔地产带到了洪堡家族。这无可比拟的宁静小岛，属于西柏林，却远离大都市柏林的喧嚣，是兄弟俩孩提时代的乡下住所。庄园后来归威廉所有，按照他的设计由辛克尔（Schinkel）进行了古典式改造（1824），现在还是嫁给海因茨（Heinz）家族的洪堡女儿戈布里勒（Gabriele）后代的居所，同时也是聚会的场所、博物馆和档案馆。

孩子们的教育条件是优渥的。这位未来的普鲁士教育改革家不必进入学校学习。开始的时候（1769 – 1773）是跟随作为家庭教师的同母异父的兄长约翰·海因里希·坎珀（Johann Heinrich Campe，1746 – 1818）学习，坎珀后来成为著名的博爱主义者、教育家、民主人士和一部 16 卷教育百科全书的出版人，1789 年他还陪同威廉前往巴黎。从 1777 年开始，由后来成为普鲁士国务委员以及施坦因（Stein）男爵同僚的哥特洛浦·约翰·克里斯蒂安·昆特（Gottlob Johann Christian Kunth，1757 – 1829）对洪堡兄弟严加管教。他教授数学、德语、拉丁语、希腊语、法语以及历史方面的课程。

1785 年，年轻的兄弟俩被带入社交生活。现在他们单独或几个人一起上私塾课：在克里斯蒂安·威廉·冯·多姆（Christian Wilhelm von Dohm，1751 – 1820）那里上国民经济学和统计学，他是历史学家和外交官，开始供职于普鲁士，然后调动到了威斯特伐利亚；师从昂斯特·费迪南·克莱恩（Ernst Ferdinand Klein，1751 – 1820）学习自然法则，他是柏林最高法院参事并参与了普鲁士全国通用法律刑法部分的制定；跟随约翰·雅各布·英尔（Johann Jakob Engel，1741 – 1802）学习哲学，他是柏林启蒙主义哲学家，通过代表作《哲学家与世界》（*Der Philosoph und die Welt*）成为经院派哲学最著名的推广者之一。

那个时期柏林深受两种思潮的影响：一，启蒙主义，代表人物是尼克莱（Nicolai）、门德尔松（Mendelssohn）和毕斯特尔（Biester），他们在其备受关注的刊物《柏林月刊》（*die Berlinische Monatsschrift*）中为其思想公开定调；二，感伤主义，以亨利艾特·海尔茨（Henriette Herz）主办的沙龙为中心，她是一位来自葡萄牙的犹太裔医生夫人，在她的周围一种新的时代精神、浪漫主义生存意识的萌芽得以悄悄地自由发展。亨利艾特·海尔茨与她的朋友布伦德·怀特 [Brendel Veit，门德尔松的女儿，后来成为弗里德里希·施莱格（Friedrich Schlegel）的妻子 ]、威廉·冯·洪堡以及卡尔·拉罗赫（Karl Laroche）成立了一个秘密团体，而卡尔作为外联成员还争取到两位卡洛琳娜加入该团体：来自埃尔福特附近厄尔纳堡（Burg-Oerner）的卡洛琳娜·冯·达赫罗登（Caroline von Dachroeden）和卡洛琳娜·冯·博伊维茨（Caroline von Beulwitz），后者父姓棱格菲尔德（Lengefeld），是席勒夫人洛特（Lotte）的妹妹，后来成为沃尔措根（Wolzogen）将军的妻子。通过她们，该团体与埃尔福特 [ 那里有达尔贝格（Dalberg）] 和魏玛（那里有歌德和席勒）建立了联系。这是一个旨在互相进行道德塑造的“道德同盟”（Tugendbund），有自己的章程，对外有保密义务，彼此之间负有坦诚义务，必须互相使用亲密称呼“你”（Du）。

1787 年，20 岁的威廉第一次离开柏林，与亚历山大和家庭教师昆特一起来到了奥德河畔的法兰克福（Frankfurt an der Oder），于 1787/1788 年冬季学期注册成为了法律专业学生。他的老师莱特迈尔（Reitemeier）给予他优异的结业证书而在当时被广为称颂（GS；Ⅶ 545）。然而，威廉自己在回忆那个时期时谈道，“查士丁尼一世（Justinian）[1] 和他的整个法律重重地压在了我的身上” [ 写给雅科比（Jacobi）的书信；第 6 封 ]，此外，他在写给柏林朋友贝尔（Beer）的信中说：“如果您

1　查士丁尼一世是东罗马帝国（拜占庭帝国）皇帝（527 － 565），曾下令纂成《查士丁尼法典》等四部法典（总称《民法大全》），为罗马法的重要典籍，对后世法律影响很大。（本书所有页下注均为译者注）

认识某个人，他想成为博士且不学无术的话，请您把他送到这里来。”（Nr. 11：附录 1107）

昆特和亚历山大留在了法兰克福，而威廉于 1788 年夏季学期转学，终于一个人来到了哥廷根大学。这所 1737 年创办的大学当时在整个德国首屈一指。威廉在乔治·克里斯朵夫·利希顿博格（Georg Christoph Lichtenberg，1742 － 1799）那里并不像人们通常读到的那样学习哲学，而是学习实验物理，1789 年夏季学期则与亚历山大一起，听关于光、火、电以及磁力的课程；在奥古斯特·路德维希·施罗策（August Ludwig Schlözer, 1735 － 1809）那里学习普通历史学；在克里斯蒂安·戈特洛普·海涅（Christian Gottlob Heyne，1729 － 1812）那里学习古典语言与文学，海涅的女儿特蕾泽（Therese）嫁给了乔治·弗斯特（Georg Forster），洪堡也由此结识了她（GS；VII 550-522）。此外，他还通过自学熟悉了康德的批判哲学，因为这些新事物哥廷根大学并不教授；约翰·乔治·海因里希·菲德尔（Johann Georg Heinrich Feder）负责教他逻辑学和形而上学，威廉先前通过私塾已经熟读了他的经院派哲学教科书。

1788 年夏天，在卡洛琳娜·冯·达赫罗登的父亲地处曼斯菲尔德的奥尔纳堡庄园里，洪堡见到了这位一直与他保持通信联系的“道德同盟”成员。他们彼此都有很多期许，而见面后互相之间的美好印象更是超乎意料。同盟的使命已经完成了：他们俩要离开这个团体以便走得更近。

从 1788 年 9 月到 12 月，威廉开始了一次游历帝国的教育之旅。这次旅行的高潮是在美因茨（Mainz）拜访乔治·弗斯特和在彭佩尔福德（Pempelfort）拜访弗里德里希·海因里希·雅各比。从此以后，他们保持着知识性的书信往来。

在经历了经常被外出旅游所打断的四个学期之后——在奥德河畔法兰克福的一个专业教育学期，在哥廷根的三个普通教育学期，1789 年 7 月，洪堡终于结束了大学学习。有什么地方比巴黎更让人向往呢？

卡洛琳娜·弗里德莱斯·冯·洪堡(Carolin Friederice von Humboldt)，父姓达赫罗登(Dachroeden)，曼斯菲尔德（Mansfeld）及奥勒本（Auleben）的厄尔纳堡的女主人，1766 年 2 月 23 日生于明登（Minden），1829 年 3 月 26 日卒于柏林（Berlin）。根据威廉·瓦赫（Wilhelm Wach，1787 – 1845）画的洪堡家族泰格尔庄园岁月的一幅绘画所作石版画，可能成画于 1825 年。

1789年下半年威廉再次踏上旅途，整个8月份他都是在这个大革命的首都度过的。然而，巴黎的历史文化古迹以及大城市的大众性贫困对这位冷静、怀疑、持保留态度的教育旅行者来说，所带来的震撼并不亚于当时的政治事件。他并不赞同他的同行者坎珀对大革命的狂热。为了日后记忆，洪堡用最为简短的日记形式记录了这段经历（GS；XⅣ 76-139），而坎珀的《来自巴黎的信》（*Briefe aus Paris*），作为第一批来自革命法国的旅游报道在德国受到了高度关注，由于信中的思想倾向，信件还引起了国内当局的批判。

1789年的高潮无疑是与卡洛琳娜·冯·达赫罗登的订婚。这是洪堡12月7日从巴黎回柏林途中在埃尔福特举行的。

在柏林，洪堡开始了他匆忙的、不乏光芒的一段司法生涯，尽管这一时期他的生活并非不同寻常。1790年2月，他在柏林市级法院担任陪审法官，3月参加了该职位所必需的入职考试；同年7月参加了候补法官考试，然后休假；同年9月被任命为宫廷法院和柏林高级法院候补法官，然后在高等上诉法院、继而又在勃兰登堡法律监护院（kurmärkischer Pupillenkollegium）工作；同时也在赫尔茨贝格伯爵（Graf Hertzberg）主管的外事部门任职，这段经历使他在1790年6月得到了公使馆参赞的头衔，这让他倍感欣慰。1791年5月，他提交了辞去司法部门职务的申请，简单陈述的原因是“重要的家庭事务”。而在外交工作方面他只是暂时停职。

1791年6月29日，洪堡与卡洛琳娜举行了婚礼。洪堡著作中内容最为丰富的便是以七卷本形式出版的他与妻子于1787年和1829年间的书信往来（Nr. 12）。这段婚姻给他们带来了八个孩子。小威廉八岁时在罗马夭折，这使这位父亲十分悲痛。另外还有两个孩子也早早离世。

1791年至1794年间，这个年轻的家庭摆脱了所有外部事务的束缚而随心地生活。但是随着时光的流逝，洪堡觉得在岳父的庄园里做私人学者的生活境况是“一种受到干扰的不尽如人意的生活”[写给布林克曼（Brinkmann）；Nr. 14：60]。1794年2月，洪堡举家迁往耶拿（Jena），开始了新的生活。同年5月，席勒也来到这里，自那以后洪堡每天都拜访他。他们共同致力于席勒的一本新刊物《时序女神》（*Horen*）。经卡洛琳娜牵线，威廉联系上了当时在魏玛的歌德，此后不久，洪堡也介绍了歌德与席勒相互认识。自1794年春季开始，当时著名的费希特也在耶拿执教——但是洪堡每天从9点开始整个上午都在罗德（J. Chr. Loder）那里学习解剖学[写给沃尔夫（Wolf）的信；Nr. 1：5118]——“带着原始的狂热”，正如亚历山大戏谑地说道[写给索梅林（Sömmering）；Nr. 56：92]。

在耶拿的快乐时光过了一年多一点，1795年夏季，洪堡因母亲患重病回到了泰格尔庄园。随后的几年是不平静、不稳定的岁月：母亲长时间患病，之后过世（1796年11月），接下来是处理遗产；期间他还从事大规模文学研究，做了内容丰富的构思，但均未完稿。他计划到国外居住较长一段时间以厘清思路。然而，计划中的意大利之行因拿破仑（Napoleon）的战争而被迫取消。取而代之的是，1797年11月，洪堡一家定居巴黎，此后在那里生活了将近四年。

在巴黎市郊圣日尔曼（Faubourg Saint-Germain）的新寓所，洪堡开始了一段有趣的、活跃的社交生活。他投身于特性的研究，当然首先是法国人的民族特性。为了这一研究，洪堡全家开启了一段从巴黎到西班牙的长途旅行。紧接着，洪堡做了第二次旅行，这次他只身前往巴斯克地区。洪堡与巴斯克语言及其民族的接触成为他后来毕生研究“人类语言构造的差异及其对人类精神发展的影响”的关键动因。

1801年夏季，洪堡一家又回到了柏林。洪堡在外交部门申请职位。1802年5月，他被任命为普鲁士驻罗马教廷公使，因为前任公使乌登（Wuhden）出于个人原因请辞，而其他外交官对这个光鲜却并不重要的小地方职位不感兴趣。1798 年法国人占领了罗马，并把教皇皮乌斯七世（Pius Ⅶ）关押起来。1801 年拿破仑与皮乌斯七世签署协议，为教皇保留了一个无足轻重的剩余小国，并于 1808 年并入法国。1815 年通过维也纳会议其原有的地位得以恢复。

在罗马，洪堡度过了他一生中最为快乐的岁月。他驾轻就熟地处理外交事务，剩余的时间他徜徉在这个古典文化的世界中。1806 年至 1807 年间，因为普鲁士的崩溃在泰格尔爆发了劫掠事件，洪堡申请了几个月的休假。1808 年，他永远离开了这个他深深喜爱的不朽之城。

在此期间，帝国男爵冯・施坦因的内政改革开启了普鲁士的重建。在施坦因受迫于拿破仑辞职之前，这位首相推荐洪堡出任普鲁士教育部门主管。在从罗马回埃尔福特的路上，洪堡获悉了对他的任命计划，他犹豫并拒绝了。1808 年 12 月，普鲁士内阁再次提出任命，并于 1809 年 2 月 20 日在经过洪堡同意后任命他为国务枢密顾问和文化教育署署长。这个部门隶属于亚历山大・冯・多纳（Alexander von Dohna）伯爵主管的内务部，他是洪堡在法兰克福求学时的同学。“我们是这个国家的一分子，我们的孩子亦然，我们不能只顾自己安逸而对国家不管不顾”，1809 年 2 月 4 日，他给在罗马的卡洛琳娜的信中解释他的决定时这样写道（Nr. 12：387）。

洪堡担任文化教育署署长只有 16 个月，然而成效斐然。整个普鲁士中小学教育得以重组。不过他任职期间最显著的成绩还是创办了柏林大学，这所大学成为了 19 世纪许多新建大学效仿的榜样，其形式至今仍成功地再现于大量美国大学之中。

由于不满自己在国务委员会中的从属地位，洪堡 1810 年 4 月递交了辞呈。1810 年 6 月，洪堡被授予国务大臣的头衔，同时被任命为普鲁士驻维也纳公使。作为宫廷的主要外交官之一，洪堡在随后的几年里坚持不渝地推动普鲁士与奥地利联合对抗法国。1813 年夏季和拿破仑在布拉格（Prag）的谈判中，他的努力最终取得了成果：奥地利加入俄国、普鲁士及英国组成的联盟（8 月 12 日）。随后的莱比锡民族大会战（10 月 16 日 – 10 月 19 日）以拿破仑的失败告终。

1814 年，洪堡代表普鲁士参加了促成第一次巴黎和约的和平谈判，他由于态度强硬而不受欢迎。当他后来被任命为普鲁士驻巴黎公使时，法国政府不接受他的国书。而他的兄弟亚历山大却备受欢迎，但是亚历山大坚定地拒绝参加任何政治活动。

接下来的几年，这位外交官一直处在欧洲事务的风口浪尖：参加维也纳会议和促成第二次巴黎和约的谈判会议。当时，普鲁士的外交决策都是由首相哈登伯格（Hardenberg）作出的，但他的想法并不总是和他的大臣相一致。

1815 年 5 月，洪堡作为普鲁士全权代表参加位于法兰克福的领土委员会的工作，一个新的问题引起了他的关注并成为他外交活动的焦点，即德国的宪法问题。显然，他在这个问题上第一次形成了他独立的政治抱负。1817 年至 1818 年他被调任普鲁士驻伦敦公使，他认为，首相是以此试图让他远离权力中心。矛盾激化了，但他并没有放弃。

最终，1819 年 1 月，洪堡进入内阁，国王任命他为等级管理和日常事务大臣。同时首相哈登伯格宣布，他亲自考虑宪法的设计。尽管他们两人在宪法问题上分歧并不太大，但冲突已露端倪。洪堡决定投身别的领域。

1819 年秋季，小范围内通过了卡尔斯巴德决议（Karlsbader Beschlüsse）：新闻审查，取缔学生社团，惩戒“煽动者”，监视大学和新闻机构。对此洪堡 [ 与内阁同僚博伊恩（Boyen）、拜莫（Beyme）以及参谋总长格罗曼（Grolmann）一起 ] 提出了正式抗议。这次行动导致了他在 1819 年 12 月 31 日被解除公职。

从 1820 年 1 月 1 日到 1835 年 4 月 8 日离世，威廉・冯・洪堡作为私人学者生活在泰格尔。通过数量巨大的书信联系，他与知识界保持着密切的学术往来。在此期间，1829 年 3 月 26 日卡洛琳娜的去世对他而言是最为重大的事件，她的墓地建在泰格尔的城堡公园。

1830 年他与国王正式修好，重新回到国务委员会，但这次并没有多少政治影响力；这算是国王对造成 1830 年动乱的自由思想做出了一点点让步。早在 1825 年，洪堡就担任了普鲁士艺术之友的主席，该协会旨在支持艺术和青年艺术家。1829 年，他又担任了普鲁士第一个国家艺术博物馆的筹建委员会主席，其职责使洪堡成为柏林博物馆文化之父 [ 参见吕贝（Lübbe）；Nr. 48]。

## 3　关于传记

### 统一性问题

相比我们历史上其他著名人物，洪堡的传记数量较多。即便只是想研究洪堡的著作，通常也会觉得有必要仔细了解他的生活。因此，在这里有必要重复引论部分已经提出的观点：洪堡的著作首先是他的生活。较之其他作者，洪堡的遗作显然仅仅是他平生事业的有限的附属物或者评述。一般认为，洪堡的政治活动要比他的学术贡献更为重要。但是即便存在这种先入为主的判断，在解读洪堡的生活与著作这两个方面还存在着很大的空间。

洪堡在生活和著述中将看似不同的很多方面集于一身，对此进行综合考量与研究存在着一定的困难，因为今天人们至少把政治家和学者作为不同的人来看待。人们往往尝试将这二者互相对立：一方面人们谈论这位倾慕荷马的贵族，他有时兴之所至在政治领域施展他的力量，而一旦面临困难，便会置祖国困境于不顾，将接受的工作搁置一旁；另一方面人们又将他看成是一个雄心勃勃但是毫无成效的政治家，他用宏篇大论掩盖了他的失败，无奈地用学术工作打发不情愿的清闲。这种矛盾看起来是如此自然，却是人为造成的，并非必然矛盾。举例来说：一人身兼人文学者和政治家二职，这在法国有着良好的传统，受到认可并且绝非少见；更不用说在古代中国，在那里只有读书人才参与政治。但洪堡生活在普鲁士。在一些普鲁士历史学者看来，这种学术和政治的联系非常奇怪，以至于他们试图用在洪堡体内流淌着法兰西的血液来解释这一现象。无论如何，本书无法回避关于洪堡的生活经历、他这个人以及他的个性三者的关联和统一问题。

分歧首先来自如何对洪堡步入和退出政治舞台进行评价，为什么 1791 年这位 24 岁的柏林高等法院候补法官、外交部公使馆参赞要请辞并中断这条与他门第相当的仕途，这条道路前程大好而且他也一直接受为此做准备的相关教育？为什么这位 34 岁的社交界名人和著述者又竭尽努力在外交部门谋求职位？如何解释，他原本谋求一个一流的、体面的外交职位，而当机会出其不意地出现时，他又万分欣喜地接受一个无足轻重的普鲁士驻罗马教廷公使的职位，这是一个远离所有政治的孤独职位，在那里他度过了中年时期最快乐的六年光阴？几乎有关他仕途上的所有决定都存在着相似的疑问和模糊之处：对于荣升普鲁士教育部门主管这一机会的犹豫不决，正是由于任此职他至今广为人知，而在上任后不到 16 个月他又匆匆辞去这一职位；他在维也纳和法兰克福的外交活动也是如此；还有在关于制定普鲁士等级代表宪法的权限问题上与哈登伯格发生冲突以及最终突然退出政治舞台。

对洪堡政治活动的评价自然有赖于对这些问题的解答。他的政治生涯是成功还是失败？下面举三个具体事例来说明，对此完全可能作出截然相反的解释，举例的目的并不是要解决这个问题，而是要说明解决这个问题的困难所在。

## 三个悬而未决的问题

其一，作为文化教育署署长的教育政策。人们总是把当时重组和统一普鲁士整个业已颓败的教育部门以及建立柏林大学归功于洪堡个人。然而，对此持质疑态度的当代史学家指出：一，在洪堡上任之前普鲁士的全面改革已经开始，教育改革和成立柏林大学早已做好了理论上的准备[参见谢林（Schelling；1802/03）关于德国大学理念的讲演及文章，费希特（1807），施莱尔马赫（1808），史蒂芬斯（Steffens；1808/09），由安利希（Anrich）重新出版；Nr. 41]，洪堡只是在他的职位上实施了这些计划；二，他改革理念的核心部分并未得到实现，而部分改革成果在他提前离职之后又遭到废止。得以实施的仅是国家对教育事业的管控。关于他的“成功”人们可以读读尼采的论述（《论我们教育机构的未来》（*Über die Zukunft unserer Bildungsanstalten*；*1872*）。

其二，普鲁士的外交。洪堡在任维也纳公使期间致力于促使奥地利加入普—俄联盟以牵制法国。在他的努力下，1813 年布拉格会议上这一想法得以实现。在同一天他写信给他的妻子：“我完成了生命中重要的一件事情。”一些史学家乐于认同洪堡的外交功绩，而另一些史学家则试图说明，洪堡在这个事件中既没有发挥作用的空间也没有产生影响的条件；他并不能促成什么，尽管他是那么乐意为之；更多的是拿破仑在 1813 年夏季的一意孤行最终迫使梅特涅(Metternich)迈出了他一直犹豫不决的一步。此外，如果听听洪堡本人是怎样说的，这个问题也就似乎易于解释了，他在上面提到的那封写给妻子的信中继续说道：“我这样说，意思并不是我个人做成了这件事，其他人也付出了同我一样的努力，更多是局势使然，拿破仑的因素最为重要。我只是全程参与并乐享事情的成功；此外，自我来到维也纳，我还一直持这种想法，即努力引导那些最终的行动者走上正轨并且不会偏离。除此之外我不能妄自居功。”（Nr. 12：4，93）

其三，解除大臣职务。人们对洪堡突然退出普鲁士政治舞台也有不同的解读。是因为盲目的好胜心和受辱的虚荣心促使他与首相不和，而首相本可能在立宪问题上成为他的同盟者？还是他对当时政府高层的权力关系作了令人费解的误判，以至于施压于国王在哈登伯格与他之间作出选择？或是如其他史学家所言，是他的自由主义基本主张使得他不能作为普鲁士大臣容忍卡尔斯巴德决议并迫使他提出抗议，最后必然招致他本人以及持自由主张的同僚解职？在此人们反复引用他女儿戈布里勒 1820 年 1 月 4 日写给她的未婚夫海因里希・冯・毕罗（Bülow）的一封信，信中写道，他的父亲整理他的书籍，“很高兴在久违的自由里做他喜爱的事情”。

## 评价问题

如果说历史地评价洪堡的政治活动成功与否是一个立场、视角和标准的问题，对此也许不会产生异议。当然，人们可能对他的政治意图看法不一；这些意图本身也经常饱受批判。人们也可能进一步质疑，如果从他想实现的目标以及他能实现的目标来论成败，能否将洪堡的政治活动作为评价他个人成功或失败的依据？但是这里又出现了一个新的问题：洪堡意欲何为？他做了什么，写了什么，我们至少还可以部分地进行查阅；但他言行的目的是什么，或者“真正的”目的是什么？却是一个如何解读的问题。事实上，他的意图经常被以完全不同、互相矛盾的方式进行解读。每一种解读都取决于对洪堡本人及其生活的基本评价。人们是接受历史上以洪堡的名字所进行的不同的追求而造成的一系列矛盾而非统一的言行？或者与之相反，人们接受在不同的情况下有不同表现的、隐藏着的本质上的统一？这是最根本的决定，由此出发可以解读洪堡的生平历史，但是不能从洪堡的生平历史中作出这些基本决定。而有些决定又只能在他丰富的生平经历中加以解释、让人明白。无论如何，洪堡作为德意志历史上的一位重要人物引发了人们历史的，用尼采的话说，古玩般的兴趣；因此史学家对此必须做出决定。但我的兴趣所在却与之不同，出于哲学原因，我有必要在这里作一个个人表述。洪堡所言、所著、所为究竟目的何在——这我不得而知，我也无意知晓。我接受他遗作的整体，探究它们于我、于我们而言会有怎样的意义。我认为，将洪堡的全部论著作为一个有意义的整体去理解，可能是行之有效的尝试。如果做到了这一点，这一探究本身就有了意义。而这样的解读是否符合作家的意图或是他生活的客观真实，这一问题就会显得多余。

为了明确任务，洪堡的传记作家们乐于援引他本人于 1816 年写的《自传残编》（*Fragment einer Selbstbiographie*）中的一句精妙述评。洪堡写道："正如每一个现实的生物，在人的身上存在着一个特定的部分，这个部分与他本人及其偶然的存在相关，完全可以为别人所不知，并与他一同消亡；相反，在他身上还有另外一个部分，通过这个部分他与一种思想相联，这种思想在他那里优先得到明确的表达，而他便是这种思想的象征体。"（GS；XV 452）。早期的传记作家与洪堡的观点一致，他们在他的生活中找寻并表达这种思想。而后来的传记作家 [ 最迟自凯勒（Kaehler）以来，这位传记作家颇有影响力；1927：Nr. 22] 则认为这是一种理想化的方法而不予采用。他们要在他"偶然的存在"中去找寻他作为人的实情和真相。另外一种经常被尝试的方法则是把这二者结合起来 [ 如科赛尔（Kessel），Nr. 23]，这似乎比那种简单地颠覆理想化的观察方式更具说服力，这种结合建立在洪堡本人观点的基础之上，他认为，"每个现实的生物"都包含这两个方面。但是依我所见，所有的传记作家都在找寻关于作者本人的"真实"，而我则更倾向于回到洪堡本人所表达的意图，并进一步延伸他的思想。我可能将洪堡看成是一种思想的象征，但这一思想并不是固定的、一成不变的，并预设了

罗马的田园风光：阿德海特（Adelheid，后来成为阿德海特·冯·赫德）与戈布里勒（后来成为戈布里勒·冯·毕罗）姐妹，由生活在罗马的画师哥特利普·施克（Gottlieb Schick，1776－1812）绘制。这幅画于1809年受母亲卡洛琳娜的委托而创作，当时父亲威廉已带着她们的兄弟特奥多（Theodor，1797－1871）离开罗马，并在柯尼斯堡（Königsberg）开始了重组普鲁士教育事业的工作。

所有对洪堡的阐释。这种思想只有通过对其生平信息的解读才能成为真实，并由此使生平信息作为思想的象征得以理解。我们对现实的思考除了借助它产生的作用或者它的具体呈现以及呈现的方式，别无他径。如果我们想把一种现实存在理解成一种精神现象，那么除了外形、表现方式、举止、行为之外，言词作为精神的特殊表达也显示了精神本质，明确地赋予精神本质以意义，但言词本身也总是需要不断地重新加以解读。

这一方法上的说明是为了让读者预先认识到一个特殊的洪堡式的问题，并借此声明，本书对洪堡的介绍，用他本人的话来说，可以理解为是一种特性描述，而特性是洪堡思想的中心术语，会在后面详细论述（第三章第1节）。特性描述，现在简要解释一下，是指对一个不能被定义、即不能最终通过词语来定论的事物的描写。特性描述因而是一种对于所有现实事物的描写方法。为期发挥作用，这些事物必然是特别的而且作为个体无以穷尽。莱布尼茨（当然不仅仅是他）认为我们的辨识思维是也一直是依赖于符号的，所以思维无法最终企达现实事物本身。因此从这个意义上说，对现实的认知被认为是盲目的。同时，因为能够区分事物，思维具有辨识能力。符号性的或特征性的思维构成了思维的对象并让我们能够清晰辨识。作为本书要描述的对象，真正的洪堡是怎样的、他对于我们而言是否是既有的存在，这些只有通过对文献、证明以及其他信息来源作出成功的解读才能加以表明，而这些资料到目前为止只是署上了洪堡的名字而已。在这个意义上说，所有以洪堡的名义流传下来的史料在我们看来都只是我们找寻的一种观念的象征。而描写本身就是从名到实的过渡。

如果有谁觉得这些思考荒诞，那他不妨回想一下那个当时被热烈讨论的著名的荷马之问。弗里德里希·奥古斯特·沃尔夫，洪堡在哲学逻辑学方面的指导老师和对话伙伴，也是当时最为重要的语文学者，在他写于1795年的《荷马序言》（*Prolegomena ad Homerum*）中打碎了荷马的诗人身份并将其化解成众多不同的作者。而洪堡作为荷马的拥趸则一贯赞扬荷马是不限于古典时期的最伟大的诗人。道理在谁一方呢？然而这个问题是多余的。只要从科学史的立场出发就能断言，目前的研究状况带有业余研究的倾向。问题的关键是，20 世纪末在口头诗作背景下对荷马的身份之问不同于 18 世纪末在有关格律诗学争论的背景下所作的讨论。或者人们想起了洪堡关于 18 世纪特征的论著，他在文中非常认真地作了几乎轻率的尝试，对 1700 年至 1800 年之间的整个思想史的发展和众多事件——而且早在 1798 年——进行了概括性的论述，从而形成一幅生动的历史画卷。

我们还是忐忑不安地再次提出这个问题：是什么赋予我们权利，将一个人的著述，严格地说将以同一名字流传下来的著述看作一个统一的整体，以此从统一体出发来对这些著述进行明确的解读？只有事后的成功才能合理论证这种所为。而传统上类似的努力事先给予了我们必要的肯定。

接下来将根据本章之前所列逐章简要评述洪堡的一生及其著作，其依据一方面是这位学者、哲学家和批判家的观念，另一方面是与作为外交官、政治家的他相关的官方文件，还有在这些不同的外表下个人的思考、情感、意愿，它们都可以解读和理解成一个——所幸是多样而且丰富的——现实统一体。而这一切都源自洪堡对自己、对他人及世界的基本态度。这种基本态度在他人生的早期就露出了端倪，后期则阐述得更为清晰。此外，这一态度所遵循的“原则”是形式上的原则，因而是无法动摇的。它们从未预设决定，而是提供了一种处理方法，使得他能够在不同的情况下保持“同一”，这对于洪堡来说意味着能够继续塑造他的个性，使他成为“他自己”。

# 第二章　历史

## 1　机器模型或花园模型：洪堡的政治学理论

### 关于国家的目的

与其社会地位和所受教育相符，洪堡首先在政治领域建立了自己独立的思想。根据自身的喜好，他很快致力于国家理论，这个在政治的广阔领域中最普遍的问题。在期望施加政治影响之前，首先需要弄清楚政治原则。当他刚成功晋升候补法官这一光鲜的职位、旋即又退出国家机构而投身私人生活时，24 岁的洪堡也许已经考虑过这些问题了。摆脱了职务上的义务与束缚，可以自由地与过去和当代的伟大思想家交流，洪堡现在可以发展他的政治理念了；他采用了书信与撰文的方式。1792 年洪堡将其中的一些论著交付印刷，大多采用匿名方式，然而主要作品《绿皮书》（*das Grüne Buch*）——这是他的呕心之作，其中还有一个纲领式的标题《试论如何确定国家的权限》（*Ideen zu einem Versuch, die Gränzen der Wirksamkeit des Staats zu bestimmen*），未能通过柏林新闻审查并发表。不久他便对出版一事不再感兴趣。直到 1851 年这本书才被全文印制，马上被看作是“自由主义的告白”而遭热捧。尽管历史条件有所变化，至今该书对日常政治仍然有所裨益。

洪堡探讨的起主导作用的关于国家的观点，是弗里德里希的开明专制主义观点：国王作为统治者一如既往地不受法律制约；然而，近来他像工程师一样操控着国家机器所赋予的权力和财富，因此国王应当认为自己是他的子民的“自然监护人”，以及他的人民的“第一公仆”。这种国家观点随着1786年弗里德里希大选侯的去世而失去了说服力，并受到了法治国家思想的质疑。正如当时的法国，不但发展了法治国家思想，而且1789年之后还以此为名义对政治关系进行了革命性变革。

洪堡本人所受到的政治教育非常全面，历史跨度大，而且对新思想总是保持着开放的态度。他在这个领域的老师有克莱尔、多姆，他也和柏林的启蒙派人物、柏林政府官员以及一些外地的政治思想家有所往来，如达尔贝格、根茨（Gentz）、弗斯特以及其他许多人，这里无法逐一提及。

应该特别提到普鲁士历史上的一个事件，它对洪堡这位未来的政治家个人的教育历程有着特殊的意义：大臣沃尔勒（Wöllner）于1788年7月颁布宗教法令，禁止神职人员和教师传播异端邪说，并要求以启蒙的理性教义来取代以国家名义出现的宗教教条主义。在该法令颁布之前存在着关于“理性公众”的长期争论，参与这场论战的除了其他当时起引领作用的思想家之外，还有康德，他在1784年12月《柏林月刊》上以其著名论文《答复：什么是启蒙主义？》（*Beantwortung der Frage: Was ist die Aufklärung?*）表明了他的立场。洪堡向所有他在1788年秋季教育之旅中拜访过的人提出了一个问题，即他们是如何看待这个法令的？这场论战引发了他的政治思考，由此决定了他对法国革命发展的态度。

洪堡开始探索国家存在的目的。这是一个新问题。从霍布斯（Hobbes）到卢梭（Rousseau）的现代国家理论都讨论国家的起源，意在通过分析国家产生的过程和原因来证明或批判国家的合法性。洪堡用功能的视角取代了国家起源的视角。他认为国家只能由其目的来定义。专制主义国家的目的是统治者个人的权力与财富，而实现这一目的的手段是民族的幸福。这种“从属手段”，洪堡写道，被“好心的人，主要是作家”提升为国家的根本目的，并由此产生了“政府必须关心民众的福祉、康健和道德的原则。恰恰是最邪恶、最具压迫性的专制政体更应如此”。（GS；Ⅰ 83）

洪堡对这个关于国家原本目的的概念提出了反对意见，他认为国家原本没有目的，也不会有目的，因为只有现实的个体才会确定目的。国家只是合法暴力的载体，它承担任务，以保障国民行动的自由并使之有可能进行自由的有目的的活动。国家只是为完成这一任务而采取必要的措施，而非对实现任何其他特定目标采取看似有利的措施。因为这种有利不是普遍性的。什么是有利的，这个问题具有相对性：对什么有利？对谁有利？所有具体目标都是特定的。——国家“目的”与宪法的关系是什么？这个问题是洪堡在 1791 年至 1792 年间思考的主题。

## “论国家宪法”

在 1791 年 8 月写给朋友根茨的一封信中，洪堡简要谈到了他的《关于国家宪法的思考：法兰西新宪法的启迪》（*Ideen über Staatsverfassung, durch die neue französische Constitution veranlasst*）（宪法；GS；Ⅰ 77-85），这些想法于 1792 年 1 月在他知情的情况下匿名在《柏林月刊》上发表。

作为论证的出发点，洪堡认定，制宪国民议会仅仅“依据理性原则来构筑一个全新的国家大厦”（78）。作者接下来对这个论断进行了消极的阐释：“那些按照设定的计划由理性建立的宪法，没有一个是成功的。”（同上）这一思想也是第一次对法兰西事件进行尖锐和全面批判的，亦即埃德蒙德·布尔克（Edmund Burke）在 1790 年发表的《对法国革命的反思》（*Reflections on the Revolution in France*）一书的主要论据。

根茨，洪堡书信的收件人，将该书翻译成德语并在1793年附上一篇表示赞同的评论加以发表。

洪堡接下来通过阐释其论点积极的一面来进一步充实他的批判，认为只有当国家宪法是“较为强大的偶然和与之对抗的理性进行斗争的结果时，它才能兴盛”（同上）。这一思想在洪堡看来是如此的显而易见，以至于它不仅适用于国家宪法，而且还普遍适用于“每一种实践活动”（同上）。当然，这里还需要解释作为“理性”对立概念的“偶然”这个概念。

洪堡对该论点的论证十分详尽，并以他特有的关于现实事件的可认识性这一基本原则开场：“我们关于经验的客体对象的所有知识和认识，其实都建立在普遍的、不完整的和半真实的观念的基础之上，因为我们对个体知之甚少，然而这里一切又皆取决于个体的力量，个体的作用、痛苦与欢乐。”（79）现实是个体的、无限复杂且无法预测的，但我们善于测算的思维却是普遍的、有限的，它并不认识现实的、真正产生作用的力量。洪堡从中得出结论，理性无法在自然中创造任何东西，而历史在这里被看作一个自然的过程。

接下来有两个问题：在自然中事物是如何产生的？理性对此无能为力吗？通过对这两个问题的回答洪堡阐释了他最初的论点：“如果偶然在发挥作用，而理性力图驾驭它，情况就大不相同了。这样就能够从目前整体上呈现的个性化情形中——这些不为我们所认识的力量被我们称为偶然——产生结果。”（79）理性的设计只有在与历史事实相联系并对此小心翼翼地加以培育时，方能“持久”且“带来益处”。否则，即便实践了理性，它也“永不结果”——这一认识在20世纪将西方民主的国家形式移植到异文化这一尝试中再次得到了证实。

如果现实并不依据普遍概念，亦即通过“理性”，由先前的事物推导而得，那么“偶然”在这里就代表了一种产生所有现实的力量。这种力量不能被理解成一种静默的潜力，而是当前的个体行为。它难以捉摸，不仅是因为我们“对个体知之甚少”，正如洪堡在此所作的谨慎表述，更因为它为了发挥作用还需要一个相应的反作用。而那些组成每一种反作用的因素，同样是个体的，且无限复杂。

这里所勾勒的洪堡政治理论——即便还不成熟，是建立在自然形而上学的基础之上的。洪堡以前所未有的精炼表述将其核心思想表述为以下的著名言论：“每一种作用都要求一种同样强度的反作用，每一种生产都要求一种同样积极的孕育。因而现在要为未来做好准备，因为偶然的作用是强大的。现在左右着未来。在未来未知的地方，一切都将是死寂、冰冷的。意图的产生也是如此。理性也许有能力运用现有的材料进行构造，却没有创新的力量。这种力量，安置于事物的本质，并创造事物，真正明智的理性激发它的作用，并试图去驾驭它。它低调地静默着。国家宪法，不能像幼芽嫁接到树上一样，将自己强加于人。如果没有时间和自然的前提条件，就好像将花系在绳子上。第一天正午的阳光就会令其枯萎。”（80）

所有的力量其作用都具有片面性。理性的活动就是要克服这种偶然所带来的片面性，并试图平衡不同的力量，将它们置于一种合理的关系中，即按照理性的想法去塑造、生成这些力量。然而结果证明了，“力量与塑造永远处在一种反向的关系之中”（80）。理性调整、塑造、引导着现实力量既有的、“偶然”的行为。

正如人们在法国所看到的那样，当以自然的、理性的名义去试图摧毁所有“偶然”形成的政治制度时，需要一种惊人的革命力量，但它的政治理性同样严重不足。其结果是出现新的状态、出现新的标准来塑造现有的力量，只不过这种状态“自然”不是“理性”的状态。

1791 年的洪堡还不能清晰地看到这个结局。他所见到的是：所有力量的活动都是片面的而不是均衡的，不符合理性。这些力量由外部激发，然后自己又激发出对应的反对力量。如果没有一种创造性、区分性的能量，那么“人会变成机器”（81）。只是机器由富于思索的理性设计。而在自然中理性从未发挥创造作用。理性的智慧在于，它通过导控，也就是促进或阻挠，对既有的事物进行符合理性的“另一种修改”（81，参见原文），试图改善既有之物，而且周而复始。因为不同的力量在持续发挥作用。

最后是依据“国家宪法史”的一句良言妙语，从历史的维度来阐述上文所论述的思想（81-84）。这里提到了前面引用过的教养式专制主义的特征，这种专制主义必然会走到革命的反面，而成为“理性系统，国家宪法理想”（83）。洪堡一系列大胆的阐述最后以充满怀疑的预测结束：“这种国家宪法能否得以继续？若以史为鉴，不能！但是它会重新阐发这些观念，重新激发每一种行为美德，并将它的福祉撒向法国之外。”（84）

然而，从这一历史个案中得出的人类学结论绝不是听天由命的使然，而是完全承认了人类所有的目的都是有限的、有条件的，别无他法。洪堡根据前人的思想得出结论：“人与物的个体状态本身并不值得关注，而必须在其前因后果的联系中；结果本身没有什么，重要的是引发结果以及从结果中产生的力量。”(85)——这一认识洪堡终其一生没有改变。

### 〝绿皮书〞

1792年夏季，洪堡在博格尔纳庄园用几个星期完成了这本“绿皮书”：《试论如何确定国家的权限》（*Ideen zu einem Versuch, die Gränzen der Wirksamkeit des Staats zu bestimmen*）（权限；GS；I 97-245）。以《宪法》一文关于历史行为可能性的概述为基础，该书论述了完整的国家理论。其中几个章节同年在席勒的《新女神》（*Neuer*

*Thalia*）以及《柏林月刊》上发表。批判的回应以及在新闻审查时遭遇的麻烦使作者变得小心谨慎。因为洪堡无意让他的仕途由于文章发表后所不断遭致的误解而受到损害。

如果国家的目的在于人，那么就必须使国家理论遵从人的理论。这正是洪堡在他《权限》一书中所努力阐明的。——但是人的目的又是什么呢？

为人熟知的是书中主体部分一开始的定义："人的真正目的……是对他的全部能力进行最高级、最均衡的教养而使之成为一个整体。"（106）在引论部分人们还读到："追求同一目标，付出体力与道德之力来实现这一目标，这是一个精力充沛、强壮有力的人的幸福所在。"（100）只有将这两种表述结合在一起，洪堡的意图才变得清晰。后面所提到的是针对个人而言的，而且重复了这一原则，即我们的幸福并不在于我们的拥有，而在于我们的工作；也不在于力量所发挥的作用，而在于力量本身。与之相反，最开始所提到的则是关于人的普遍想法，并不针对某一时代的现实个体。一句前面被跳过的插入语做了进一步的阐明："人的真实目的并不是由变化不定的喜好所决定的，而是永恒不变的理性所赋予的……"我们在这里所作的关于人的个体目的和普遍目的区分，出现在书的最后，那里洪堡区别了自然的人与现实的人（244），借此来指明人所共有的、由理性所决定的人的天性。没有人能完全实现其天性；并非因为他偶发的弱点，而是因为他是现实的，也就是说只要力量存在于他身上并不可避免地片面地发挥着作用。因为一切"现实性"（偶然性），根据《宪法》一文的术语（可能并不合适，后面不再用到），是建立在"偶然"基础上的。因而，关于"人的真实目的"的定义说明，理性的任务是将既有的活跃力量"均衡地教养成一个整体"，虽然理性对这些力量的存在无能为力，既不能让它们产生也不能让它们消亡。

这种"教养"如何才能兴盛？洪堡的回答涉及两个方面："除自由

之外，人类能力的发展还需要其他因素，即环境的多样性，尽管它与自由密切相连。”（106）教养必须把每一种力量天然具有的片面性与其他力量的片面性协调起来，而又不会由此削弱这些力量。这既适用于同一个体的不同力量，更适用于不同个体的力量。“这种教养的成果在于被协调的力量之间既有一定程度的内在联系又有相互之间的独立性。”（107）但是个体无法通过努力达到这种均衡的理想状态，确切地说，这种理想状态仅仅存在于所有个体的总和之中，是从人类的角度去理解的。对个体而言，重要的是“力量与教养的特点”，这一特点既“源于行动的自由与行动者的多样性”，同时又创造了这二者。

在此背景下，当时对国家理论的相关争论，即政府是应该为国民谋求幸福还是应该帮助他们躲避灾祸，它是应该只是消极地保障国民的安全还是应该积极致力于所有人以及整体的福祉，答案几乎是不言自明了。安全是必要的，这样才有可能进行有目的的行为。相反，国家的福利（通过集中规划）减少了现实情景的多样性，也削弱了现实的力量，因为这种力量会变成阻力并且不断强化。这听起来像政治自由主义广为人知的原则。但是，自由主义是一种经济学理论，它追求的目标与它所反对的重商主义理论相一致：重商主义认为可以通过国家计划，而自由主义则更多地认为要凭借个体力量的自由竞争来实现整体的繁荣。在洪堡看来，起决定作用的是其他因素，他认为，幸福并不在于对物质的拥有，而是在于为之所进行的卓有成效的奋斗。因此并不存在一种终极目标，实现了这一目标便能（或多或少地）保证幸福。幸福根本不能被彻底地实现或满足。因为无法泛泛地谈论幸福之所在，而只能反过来说，幸福绝不存在于整体的繁荣之中，当然也不存在于个体的繁荣之中。

然而，后来主张民族主义思想的历史学家在洪堡的国家理论中看到了一种极端的自由主义立场，并提出了“更夫国家”这个概念。但洪堡并非对良好制度的必要性视而不见，他只是更想建立“民族机构”而不是“国家机关”（参见 131、236）。因为国家的任务是统治，只有国家才是直接暴力的合法所有者，只有它才可以且必须运用强制手段。但强制和幸福（被理解成行为自主）是背道而驰的。

人们也可以出于其他的理由批判洪堡的国家观。把国家看作政府（societas cum imperio），民族或社会看作公民社会（societas civilis），将它们严格区分开来也许在研究方法上是有意义的，但可能并不具备现实性。事实上，每一个公民社会在某种程度上都是一个利益团体，代表着一种权力，即便所有暴力在形式上都来自国家。当然，如果仅从物质层面来阐释国家的安全使命，我们也能反驳这一指责。但是正如洪堡所反复强调的，他在《权限》中所讲的并不指现实的或某一个特定的国家，而是国家的理性思想。理性并不是一种力量，它只是消极地、间接地发挥作用，由此展现其作为调控现实力量之准绳的权力。

为了能理解洪堡这一意图，我们必须自后向前从最后一章开始阅读《权限》。在书中，洪堡认为人都有一种“天然的”愿望，“如果理论证明是正确的，也希望在现实中能够实施”（236）。然而，正如前文所提到过的，他认为想要在现实中实施理论的设想是非常困难的。因为一切新事物必然依存于既有事物以打下根基。但这一观点却使那些当时饱受时代困扰并试图按照他们的意愿去改变现实的人产生绝望。因为如果既有的事物并不处于它应该具有的状态，那又怎么能够从中“天然地”形成事物应该具有的状态呢？

这里洪堡用一种极其有趣的方式谈到了时间。严格来说，事实上并不存在状态，也不存在既有，而只有力量及其作用，“每种外部状态，如果让它不受干扰地持续发挥作用，它便会趋向衰败而不是自我巩固”（239）。要理解这个观点必须要用到理性，理性一方面不能直接发挥作用，因为它并不是力量；另一方面理性又不愿放弃对现实进行符合理性的构造。洪堡继而作出论断，“不用触及事物的当前形态就可能对人的精神和性格产生作用，为他指明一个方向，而这个方向已不适合原来的形态；这正是智者所努力而为的”（239）。

对国家使命的反思最终使洪堡认识到了“自由”与“束缚”之间的辩证关系，终其一生，这种辩证关系都一直决定着他对人的看法。“理论总是只要求自由”，但“现实只要偏离了自由，便总是表现出强制”（242）。强制会引发反抗，从强制中争得自由，给予自由；自由变成了权益。时间又将每种积极的自由转化为一种束缚。这种束缚又重新引发追求自由的力量。作为理性所憧憬的完全自由是无法实现的。现实的，也就是不完全的自由，在任何时候都是一笔宝贵的财富。只有被切实地渴求，只有与必然性，也就是生存和业已存在的自由不发生冲突，才能给予自由。

这一辩证关系最后再次论证了由洪堡创立并主张的关于所有立法的基本原则。法律只能依据所有人都认同的必要性来颁行，而不是依据总有争议的实用性。只有这个准则才符合“敬畏自主生命的个性以及源于这种敬畏的对自由的小心谨慎”（245）。这并不是一种博爱的理想，而是具有逻辑的说服力：如果立法能够从根本上表明是普遍合理的。否则人们不需要（普遍合理的）法律，而是只有符合目的的关于权力运用的规定，而这些规定必然陷入互相矛盾的利益冲突之中。因而米拉波（Mirabeau）的警句理应成为整篇论文的主旨：“……人民要警惕统治者的恣意妄为……”

这一由此得出的严密且具有说服力的唯心主义国家理论可能会引起今天读者的某种不适。为了不仅从外部，而且也在理论框架内表达这种不适，也许可以提出这样一个问题：作为暂时（而不是永恒）的个体，我们是否有能力表明法律的普遍合理？或者我们所依据的必要性，最后是否又受到了某些实用性考虑的制约？也许所有的人类法律不得不成为符合目的的、关于权利运用的规定。

洪堡要求政治家不要像工程师设计机器那样从事立法工作，而要像园丁那样去培育幼苗。由于对表明法律的普遍合理性这样一种可能性的怀疑，洪堡上述说法尤显重要。

## 2　“对个性的敬畏，对自由的谨慎”：洪堡的政治实践

不容否认，洪堡的政治思想与他的政治实践密切相关。但是关联的方式却颇具争议。时至今日 [ 参见舒尔茨（Schulze）；Nr. 43]，仍然有人持这一旧有观点，认为这位政治家的行为与他的国家理论学说背道而驰，并且《权限》一书被看作是洪堡对他（有幸只是短暂地）逃避为国效力而进行辩解的详尽说辞。其实，这一观点只是试图从心理上缓解洪堡在《权限》一书中所表达的极端立场。然而，如果人们把洪堡的政治实践看成是他在悠闲的私人生活中所创立的政治观念的具体应用，就能作出更好的评价。对此下面将举出三个实例加以说明，当然还有更多的事例可以进行补充。

### 关于犹太人解放问题

第一个例子是 1809 年一份名为《关于犹太人新章程草案》（*Über den Entwurf zu einer neuen Konstitution für die Juden*）的公函（GS；X 97-115）。

先介绍一下背景 [ 甘布鲁赫（Gembruch）；Nr. 42]：现行的法令基础是普鲁士大选侯弗里德里希于 1750 年颁行的犹太人一般规定。该规定对犹太人在政治上实施严格的警察监视，在经济上对其活动进行限制，实行了株连罪和特别税，定性了犹太人誓约的低劣性。这一切在 18 世

纪中叶都是习以为常的：从司法上看当时还没有人权规定。但是自那以来，柏林的沙龙发展成为第一个犹太教文化与基督教文化交流的论坛。贵族、商人、学者、艺术家在一个小规模的但起到示范作用的圈子里实践着社会的解放。——在此背景下，后来成为洪堡两兄弟老师的克里斯蒂安·威廉·冯·多姆于1781年写了《关于犹太人公民宪章》（*Über die bürgerliche Verfassung der Juden*）一文，引发了公众关于平等问题的广泛讨论。1789年，弗里德里希·威廉二世召集了一个委员会审查犹太人的现状，但是直到普鲁士崩溃之前改革仍未实施。一直到1808年，施罗特（Schrötter）在担任东普鲁士主持大臣期间才起草了一份犹太人新宪章草案。这份草案要求逐步实施犹太人的解放，以便“让犹太人逐渐成为有用的国家公民”。不容忽视的是在此表述中所流露的一种开明专制国家的精神。内政部长多纳伯爵，施罗特的继任及洪堡的上司，按通行做法向各部门提交了这份草案以供审议。洪堡作为部门主管也对此表明了态度。

洪堡的文章一开始就对“我们中间犹太人的当前情况”进行分析，并结合了三个特征：犹太人作为迁徙民族的历史，他们的宗教政治状态，以及他们通过严格的习俗得以维持的与周围其他人群的隔离。“转变这种现状的措施”，洪堡继续写道，是与现状相应的“融合、对他们宗教形式的摧毁和移居”。但这些都不能仅仅通过行政措施得以实现。立法者能做什么？——如果国家不能制止事实上的隔离，那么国家就不必从法律上去制裁它，而应该顺其自然。而法律上的平等是理性的要求。

关于法律平等的问题显然存在着两种相持不下的观点：政府的草案要求逐步实现平等，而洪堡要求“一蹴而就”。因为“所有权利只有突如其来地实现平等才是公正的、符合政治需要的和以一贯之的”，这“纯粹从逻辑上看”是不容置疑的。为什么呢？

这是公正的，因为“想不出可能的法律根据，说明为什么履行了基督教徒所有义务的犹太人不能享受相应的权利”。

这是符合政治需要的，因为只有这样，作为现行法律基础的“不人道的、充满偏见的思维方式”才能被废止。这并不是说国家要教导“尊重犹太人”。也根本不涉及官方对犹太民族性格作出较好或者较坏的评价。而是国家应该拒绝以这种方式去看待一个人：“……违背一切人类尊严之理念，无视他作为个体的存在，而是给他打上某些种族必然的烙印。”“但是这一点只有通过国家大声疾呼、清楚解释，认可犹太人与基督徒之间并无区别，才能实现。”这是国家拒绝认可歧视，而不是要去否认或消除这种差异。

迅速、全面地实现犹太人的平等也体现了以一贯之的原则，因为“对犹太人歧视的逐步取消恰恰会在没有被取消的那部分加倍证明歧视问题的存在，因为新的、较大的自由将注意力集中到了还继续存在的限制之中，由此反过来阻碍自由的实施”；这种观察基于所有解放运动所产生的经验。

除了洪堡之外，只有沙恩霍尔斯特（Scharnhorst）反对内政部的草案，主张马上全面实现犹太人的解放：他的普通战事部门也许在这件事情上看到了一个招募新兵的机会。因为作为在各方面都不被信任的二等国民，犹太人迄今没有兵役义务——或是正如时人所说“没有服兵役的资格”。

1812年3月，在洪堡辞职很长时间以后，这项法案获得通过。这项“涉及普鲁士国家犹太人公民待遇的新谕令”在私人生活及经济领域赋予了犹太人平等的权利。从此以后，犹太人也要履行兵役义务。然而，在公共服务领域他们只能任教职和乡镇公职，在司法、行政部门以及军事团体中他们仍然被拒之门外。在过去只是普通警察部门“贬低教师职位”，而这现在写进了立法草案，对此公共教育署署长洪堡“强烈抗议——但徒然无功（参见108）。

作为他政治思考和行动的基础，洪堡将这个新的“立法理论”归纳为一个基本原则，即“国家并非教化机构而是法律机构”（100）。出于历史的距离，今天我们也许可以提出这样的疑问：洪堡的要求是否对国家提出了更高的教化任务、进而超出国家承受之重而成为一种苛求。在评论的结尾洪堡还进一步思考，提出保持现状是否要优于实施一个“并不十分明智的新立法”，因为人们已经学会了如何适应这一现状并能将它当作“旧式野蛮以及过往偏见的残余”去承受（这里指的是1750年的开明封建君主法律）（115，116）。即便新法的非理性程度要低于旧法，他还是坚决反对新法律中任何体现偏见的内容，因而他的这种观点已经超越了当时的时代精神而成为苛求。事实上国家和社会、法律和习俗之间并非泾渭分明。

## 德意志宪法问题

第二个例子选自洪堡任普鲁士公使时期：1813年《写给施坦因男爵关于德意志宪法的呈文》（*Denkschrift über die deutsche Verfassung an den Freiherrn vom Stein*）（GS；XI 95-112）。

就在当时，出现了德意志国家新秩序的问题。拿破仑的光辉已经褪去。1813年莱比锡民族大会战之后莱茵联邦瓦解了。自11月初以来洪堡逗留法兰克福，致力于促使不同的原莱茵联邦国家加入联盟的谈判。

他思考的出发点是：恢复旧帝国已没有可能，它因内部积弱已经崩溃。而建立一个民族统一国家也毫无希望，因为欧洲列强不愿看到出现一个强大的中欧国家。从现实条件出发，人们只能在二选一的情况下讨论德意志的重组：联邦国家还是国家联盟？

洪堡解答这一问题的思路一方面以一些必要但是假设的原则为基础，另一方面基于历史事实。

原则一：政治“不能违背事物的自然属性”（98）。

事实一：“德意志，在其居民的情感中和外族的眼里，一直是一个民族、一个共同体，一个国家。”（98）正如当时局势所示，对这一表述不能脱离时代去理解。它主要表明，民族情感这一事实当时并不受政治支配。同时这只是一种临时现象一度出现，洪堡也很清楚，它可能会再度消失（参见 97）。

原则二：政治上的统一只有两种粘合剂：“一部真正的宪法，或者仅仅只是一个联合体。”（98）统一需先立宪，因为宪法“庄严、有约束力、持久”（99）。然而，这需要尊重。

原则三：“每一部宪法……必须符合时代、现实情况以及民族特点，这些是宪法产生的物质萌芽。只依据理性和经验原则来构建宪法是十分困难的。”（99）——这是洪堡这位年轻的国家理论家早在 1791 年《宪法》一文中就形成的观点。根据这一原则，德意志是否应该有一部真正的宪法这个问题，在洪堡看来可以明确地阐述如下：“如果在对该问题进行决断时，头领和部下表示，他们愿意成为头领和部下，那么就遵循这一表态，只要加以指引和限制。如果情况不是这样，而只是透露出冷静的理性判断，认为整体必须要有一种联系纽带；那么只能退而求其次，形成国家联合体，一个联盟。”（99）如果作出这样的选择，具有决定意义的是下面的事实二。

事实二：“德意志的发展方向是国家联合体。”（101）因此洪堡清晰地看到，只有那些致力于这样一种联合体的政策才能取得成功。因为“民族如同个人一样，有自己的不受政策改变的方向”（同上）——即便这个方向随着时间或是“偶然”出现和消逝。

还有一个问题需要解答，即什么能够保障和联系德意志国家联合体。这里洪堡同样必须考虑当时的具体情况：联盟内部最强国之间的利益平衡。“奥地利与普鲁士之间稳定、普遍、持续的友谊与共识（这种言辞具有誓约的形式特征）便是整个联盟大厦的基石。”（100）但是，如果不受时代限制地来理解这句话便会产生错误。所谓的共识，正如洪堡对维也纳王宫的了解，既是必要的也是不确定的：一条“纯粹的政治原则”。无论如何，这一共识，尽管是令洪堡极其不悦的思想方式，实际上一直持续到 1848 年革命而导致的梅特涅（Metternich）下台。

一切理性的政治行为都建立在这些“事实”和“原则”的基础之上。根据洪堡的理性概念，这种理性政治行为要遵从力量与塑造之间必要的相互作用，它的根源是一种对包含了人的行为与历史进程的自然哲学的整体构想。

第三个例子涉及洪堡作为政治家最广为人知的功绩，即他对普鲁士教育事业的改革。在极为困难的情况下起步，凭借十分有限的资源在极短的时间里着手改革，但改革未能圆满完成而且不久后又遭受歪曲。尽管如此，他的教育改革仍然是跨越时代的范式，为个人的素质教育规划了制度的框架。

## 3 教育改革

理论只要求自由和情景的多样性，用以对自己的力量进行自我塑造。而现实表现出大量的强迫与限制。政治的使命是，为（自我）塑造创造条件并且消除强制。因此政治行动、法律、制度是必需的。难以避免的是，由于追求一定的目的，这些法律制度随着岁月的流逝也会被认为是对自由的限制、被认为是强制。因此政治始终面临着同样的使命，即创造自由的空间，当然它的具体内容要视现实情况而定。由此，政治的特定使命看起来可能会是一个西西弗斯的苦役[1]。但现实情况并非如

1 西西弗斯是希腊传说中的暴君，被宙斯处罚，在地狱里推一块岩石上山，当岩石被推至山顶时又滚下，于是重新再推，如此循环不息。此处西西弗斯的苦役指循环无果的苦差。

此。尽管工作形式相同，都是创造自由，但是每次的山并不相同，石头从来不会推上去又滚落回来。政治家眼前的具体目标并非不可企及，他每次都会制定新的目标并且能够实现它。凭借理性与睿智：人们只要依顺自然，就能战胜它 [natura non nisi prendo vincitur；培根（Bacon）]。只是他不会达到最终目标。他总是有目标，却没有终极目标。

新体制

洪堡的使命是冯·施坦因男爵综合改革计划的一部分，这项改革计划中最重要的部分是农业改革、城市秩序改革和行政改革。而洪堡想在改革计划中添加教育事业的改革。当时，他所面对的局势是无望、混乱的：没有规范的教师培训，没有规范的教学计划，社会各阶层的学校都处在地方的庇护之下，从各自的地方功利出发安排教学。

洪堡的改革措施可总结为三个目标。

其一，集中管理：他建立了一套统一的公共教育体系，并使之有目的地对私人教育产生辐射作用。

这一系列措施所产生的释放性效果表现在通过取消国立教育机构的种种特权来停止按阶层—职业划分学校。每个孩子在形式上享有平等接受教育的机会。费希特称之为通过实施在国家考试委员会面前的人人平等来取消贵族的特权。由此出现了前所未有的社会流动性 [ 参见吕贝（Lübbe）；Nr. 47：244、245]。而物质上的平等，当然当时也没人想到，洪堡可能认为不仅是无法实施的，而且是最不受欢迎的。没有教育强制，因为国民在家庭、出身、财富方面的情况迥然不同，这并不是国家立法要处理的问题：“差异是世界的本质，某一些优于另一些这种情况人们容易容忍”，他在《立陶宛学校规划》（*Litauischen Schulplan*）中这样写道，当时他意识到在全国各地均衡地实施改革已毫无希望（GS；XⅢ 281）。

1766年建成的海因里希王子宫殿在王子（1802）及其妻子威廉明妮公主（Wilhelmine，1808）去世后开始衰败。1809年冬季学期，新建的大学在这里开始了临时的教学活动，施莱尔马赫、费希特、施迈茨、沃尔夫和布特曼（Buttmann）在这里讲课。一年后，大学正式成立并移交了大学建筑。直到1828年，大学才起名“柏林弗里德里希·威廉大学”，1949年更名为“洪堡大学”。自1883年起，威廉·洪堡和亚历山大·洪堡两兄弟的纪念像便矗立于校门两侧。

作为产生释放效应的手段，对教育事业的集中重组随着时间的推移将转变成为新的强制：即国家对教育事业的控制和指挥。这是良药所带来的事与愿违却又无法避免的副作用。

其二，普通教育：将人类的孩子培育成人，而不是将工匠的孩子训练成工匠，这是进行普通教育的国立学校的新使命，因此这样的培养是人文主义的。这要求人文高级中学统一地面向所有的人开放！普通教育有两个方面：它对所有人开放（作为普遍的受教育权利，而不是义务）以及它是形式化的（作为人的教育；职业培训应当与公立学校的普通教育严格分开，职业培训要在“专门学校”实施）。

其三，将教育过程分为三个自然阶段（GS；XⅢ 259-268，276-283）。

小学教学：这个阶段“旨在培养学生了解、表达、记录并解读思想的能力，主要克服在描述方面的困难。这一阶段本身不是教学，而是为教学做准备，使教学成为可能”（260）。此外，小学教学应该是一流的，“不存在任何缺陷，尽管有许多公民只上小学、不再上中学”（264）。

中学教学：“中学教学的目标是锻炼能力、获取知识，没有这些就谈不上科学的认识和艺术技能的培养……如果学生通过跟从别人学习而学会了为自己而学，那么学生便成熟了。”（260，261）洪堡坚持：“文法学校不只是教授拉丁语，同样要细心上好历史课与数学课，并且重视语文。”另一方面他也强调，“语言教学是实实在在的语言学习”，而不只是诗歌阅读（265），因为语言学习必须学习一定的语言形式，而语言形式是可以观察到的（266），学生学习“在特定的语言中观察语言”（263）。由此也奠定了古典语言在普通教学中的优先地位（266）。

大学教学：洪堡关于大学学习意义的著名言论，表明他当时的眼界与当今的高校现状，如常规时间内的大众化培训、论著发表的泛滥以及交流的缺乏，这之间存在着巨大的差距：“如果小学教学还可能需要教师的话，那么在中学教学阶段教师并非必不可少。因此，大学的教师也不再是教师，学生也不再是学习者，而是学生自己进行研究，教授引导学生研究，并提供支持。大学教学要使学生能够理解并造就科学的统一性，要求学生具有创造性力量，因为以这种方式去认识并理解科学也是一种创造，尽管只是一种从属性的创造。因此，大学教学也没有终极的边界，严格来讲，也没有评判学生是否完成学业的标志。一个人一旦熟练掌握了中学知识，他是否需要、需要多久、需要哪种方式的口头指导，仅仅和他个体有关。在学院听课也只是出于偶然：最最必要的是，从中学毕业的年轻人，在步入生活之前，有几年的时间在一个汇集了众多教师和学生的地方投身于科学的思考。”（261，262）

要实施这些改革计划关键在于重组教师培养。对于小学教学而言，需要建立“师范学校”以运用裴斯泰洛齐（Pestalozzi）方法对教师进行培训与深造，当时主要有魏森豪斯（Waisenhaus）教育之家的卡尔·奥古斯特·采勒（Karl August Zeller）在柯尼斯堡（Königsberg）建立的样板学校（参见 GS；X 208-214）。但是，即便是文法学校的老师也没有接受过统一的培训；学校资助方（地主、教会、社区）根据自己的意愿、出于偶发因素和资金情况来招聘老师。要消除这种弊端，采取的措施主要针对资助人和考试两个方面。

资助本身无可厚非。洪堡明确表示支持社会（独立地和公益地）举办教育事业，而国家只是起到监管作用。他甚至希望能划拨国王的领地来建设新成立的柏林大学，这样大学在财政上就能独立运作。尽管尚存希望，但这一大胆的计划最终却未能实现。只有在美国，许多大学是按照这种资金模式建立的——时至今日还在成功运作 [ 参见穆勒（Muller）；Nr. 49]。洪堡在 1809 年 5 月的教育署行政总结报告里写道：“社会能够共同从事其实是委托给它的事情，这一点本部门认为至关重要。”对此意图洪堡论述道：“可以坦诚地宣称，文化教育署达到目标的时间点，就是它把教育事务全部交到民众手中，而它自己只是在与国家最高行政机关其他部门的最高层联系中处理教学与教化事务。”（参见 GS；XⅢ 219）

为了对国家考试进行管理，需要成立一个“科学委员会”。它的正式成员是来自哲学、数学、语文学和历史学领域的学者，而且每年需要重新审核或是重新任命。这个委员会不仅实施考试，而且还要向教育署提供关于各种科学问题的咨询，如教学方法，教学计划，教材，职位配备（参见 GS；X 179-186）。成功地通过考试是受聘于国立学校的前提条件，而不是权利。作为激励措施，国家考试也对私人教师开放（参见 GS；X 239-242）。

## 科学的自我新认识

在国家管理教师培训这项工作中，赫尔曼·吕贝（Hermann Lübbe）正确地意识到了洪堡的教育改革会对高校产生重大影响。自从现代大学发端于中世纪以来，大学里各系之间存在着固定的等级排序。艺术系（哲学或者是自由艺术）从属于地位较高的三个系——神学、法学和医学，它的专业都有预科的特点，与职业训练没有关系。一方面，从费希特到阿尔滕施坦因（Altenstein）关于理想主义高校改革的讨论充满了反对为面包而上大学的声音（在这里洪堡只是时代精神的轻微回响）：科学应该为自己而存在，也就是没有目的，不应该误用成服务于其他目的的手段，即不受其他目的驱动。另一方面，洪堡的教育改革却使哲学系，如吕贝所言，“成为为职业做学术基本准备的机构场所”，即“成为主要培养高级文理中学师资的系”。因此，“这个以前为地位最高的那几个系服务的哲学系如今成了独立从事职业训练的系”[吕贝（Lübbe）；Nr. 47：242，243]。但是从长远来看，哲学系的存在与教师培训的需求联系在了一起。

不受目的驱动的科学以及为职业做准备的大学学习，在洪堡看来并不是彼此不容的对立面。不受目的驱动是指科学本身，因为科学被看作是“并未完全探明的事物或是永远无法完全探明的事物，而且持续不断地……被人类探索”（参见 GS；X 253）。从这个定义中我们可以看出对合理组织科学的基本要求：学术自由，即研究与教学的自由和不受学校强制的自由，以及自主学习所带来的孤独。而这种学习的适宜性以及它给国家带来的好处在于，期望那些通过“自主地参与远离实践的科学活动”而获得教育的人 [ 吕贝（Lübbe）；Nr. 47：246] 能够为较高层次的国家服务和其他领导任务做好最出色的准备。因此，既必须避免国家的积极干预，但是又要创造保障学术自由的条件。国家的任务在于，“通过选拔人才(在力度上和形式上)来丰富精神力量并促使它自由发挥作用”（参见 GS；X 254）。危险来自外部与内部，因此需要建立一种经过正式规范的力量均衡：例如要采取不同的措施、发挥大学与科学院的不同作用，前者通过教学任务“与实际生活和国家需求联系起来”，因此教师的聘任权必须由国家掌握；后者作为“科学最高的也是最后一块自由领地”可以独立地挑选它的成员（参见 GS；X 256-260）。

学术自由的基本要求以科学概念的革新为前提。约瑟夫·西蒙（Josef Simon）1987 年 6 月在波恩大学作的一次演讲中详细地阐述了这一思想（Nr. 50）：在洪堡看来，科学不再是保存、传授和发展知识的场所，而是应该重新定义为观点的场所，在这里观点得以自由表达而不受行为必然性的束缚。而艺术系总是陷入一种——然而是让人质疑的——名声中，即它与一切关于上帝与世界的观点打交道。不过这一点可以理解，因为在过去，艺术系在某种程度上只是为高层次的职业实施智力训练。因此它的自由奔放受到了神学和法学的约束。出于这个原因，以往艺术系在研究与教学方面的自由非常有限。但自从人类通过理性批判明白了，一切知识都基于观点且没有任何观点能够被视为终极真理，观点本身便获得了更高的评价。“观点能够摇摆，现在看来，观点允许摇摆。”（Nr.50:7）自由摇摆和摸索着重新进行自我定向——思维（作为观点的模态）要获得这种奢侈，必须免除它与实践之间的直接联系。洪堡认为，这在科学院里最有可能得到彻底的实现，因为它的成员没有受到任何义务、甚至没有教学任务的束缚。另一方面我们也可以立刻看到，这种自由只有在受到国家保护的机构中才能面向许多人并长期得到保障。个别的反例，如 17 世纪的笛卡尔和其他少数富有且特立独行的人，他们懂得有限度地工作，但这些例子却也验证了这个规律。

洪堡不仅意识到了自由发表意见的价值，而且坚持认为大学是不受功利干扰、能自由讨论的场所。传统的艺术系模式——发展成为哲学系的观念——最终成为自由研究机构的模式。连神学家、法学家以及医学家，尽管有几分迟疑，也开始让他们的知识接纳自由的讨论。因此，大学不仅容忍，而且乐于成为百家争鸣的场所，从自由争鸣中为解决时代的各种问题提供建议。

## 4　“从时代的视角观察”：洪堡的历史哲学

历史类似“行动着的生命”，它应该“为现实”创造并激发“意义”（GS；Ⅳ 39，40）。

对于洪堡的历史哲学来说有三篇文章尤为重要：两篇简短的残篇和一个科学院的讲座。《世界史考察》（*Betrachtungen über die Weltgeschichte*）（GS；Ⅲ 350-359）和《世界史动因考察》（*Betrachtungen über die bewegenden Ursachen in der Weltgeschichte*）（GS；Ⅲ 360-366）这两篇文章作者没有发表，在他的书信中也未有提及。研究洪堡的语文学者认为，这两篇文章的写作日期可能是 1812 年或 1814 年（维也纳）和 1818 年（伦敦），在 1896 年和 1904 年才被分别印刷出版。这种草纲式的论文往往包含一些简短而直接的哲学基本思想，而在发表的文章中则大多会含蓄、复杂地详述这些思想。第三篇文章不同于前两篇。冯·施坦因男爵在沃尔夫的提议下提出建议，洪堡于 1808 年 8 月被选为普鲁士柏林皇家科学院荣誉院士，1809 年 1 月 19 日，他在（第一次）拒绝接任普鲁士教育部门主管一职两天后，进行了简短的就职演说。在 1820 年至 1829 年间，尽管不大情愿，他还是定期每年在科学院作义务讲座，这是科学院对他的唯一要求。他经常会在讲座中讲述自己从事公共工作的一些事例。洪堡在 1821 年作了第二场讲座，不久以后讲稿发表，题目是《论史学家的任务》（*Über die Aufgabe des Geschichtsschreibers*）（GS；Ⅳ 35-56）。这篇文章在 19 世纪是洪堡最著名且被频繁引用的文章之一。因此，1841 年第一次出版的洪堡作品集的第一卷便是以此文开篇。

## 关于世界历史的第一残篇

洪堡通过对他称之为“哲学史”（GS；Ⅲ 350）或“世界史哲学”（GS；Ⅲ 360）的批判形成了自己的见解。洪堡在作题为《世界史哲学》的讲座时（自 1822/1823 冬季学期开始两年一次，共作五次），提到了康德 [《关于一种世界公民观点的普遍历史的理念》（*Ideen zu einer allgemeinen Geschichte in weltbürgerlicher Absicht*）；1786]，却避谈赫尔德 [《人类历史哲学观念》（*Ideen zur Philosophie der Geschichte der Menschheit*），1784 – 1791]，他也一定想到了黑格尔。他批评所有“将零散的、看似偶然的世界事件置于同一种视角之下，并根据必然性原则彼此互相推断”的尝试，认为这些尝试缺少“历史意义”，它们“粗暴”地对待历史事件且忽略了与其模式不相符合的东西（350）。但是这种指责是表面的。因为洪堡清楚地知道，历史是无法达到完整的，或者一切都取决于观察的方式与视角。然而关键的是他的第二条批评，这条批评赋予了第一条批评意义与分量。洪堡认为哲学史观察人类“过于学术化……仅仅将此看作是文化……没有充分考虑人类与地球和宇宙的联系，纯粹从自然史的角度出发”（同上）。

这听上去虽然出人意料，但是意义重大。与自然史的观察方法紧密相连的是对机械历史观和目的论历史观的否定。史学家的任务不可能是“去研究从几千年历史中冥思苦想出来的、为那些人们并不了解、缺乏感知和认识的人物所瞎编出来的理念”（357）。并不是“通过实现一种普遍的、抽象的完美去寻找人类的完整性”，而是必须“以我们所处的时代为立足点”，为“丰富呈现的伟大个体”建构意义，因为“人们只能从个体中认识整体”，必须要“研究民族和个体”并遵循“人类事件相互关联”的主线（357，358）。——简而言之，“如果这样的表达不为过分的话”，他是用“世界史哲学”草纲去反驳“世界史物理学”（360）。

“世界史物理学”会是什么呢？洪堡也在历史中寻找“起因”，但是以一种不同寻常的方式，他论述道：“不应该去罗列那些产生后续事件的前发事件，而是要去验证那些引起前后事件的力量。”（同上）这个问题源自一种遵循莱布尼茨但属于洪堡自己的自然形而上学，对此还会予以更为明确的说明。如果联系历史，一切事件便只是结果：被产生，但自身并不发挥作用。或者换句话说，发生的事情并不是现实，而是表象（这是一种先于康德又符合康德的表达方式：对于康德而言，现实只是模态范畴中的一种，它的意义局限于现象领域）。相反，只有不可见的能动力量才是现实的，它们导致的结果我们可以通过事件来感知和确定，尽管现实中并不会留下什么“原本的东西”。一切都归于虚空，我们感觉到的只是我们思维的结果。

“运动着的起因”或者说“世界史的推动力量”又是什么？在这

两篇残篇中洪堡分别提到并论述了三种力量，这些力量对应两篇文章中不同的视角有着不同的称谓。在第一个残篇中他谈到了“创生（Zeugung）”“塑造（Bildung）”和“惰性（Trägheit）”（355-357）。

创生产生历史上的新事物：一种富有特色的新的个体，它可以是一个人、一个民族或者一种理念。它的产生是“突然的，源自虚无”：即没有创造者（creator）或者通过隐匿的上帝（de deo abscondito）从虚无中创造（creatio ex nihilo）。这里洪堡特意选择了神秘的表达方式，并通过拉丁语得以进一步的强调。当谈到创生的神秘或者一种个体的出现时，洪堡总会采用这种表达方式。这种表达方式为无法言说的东西提供了一种符号，而拒绝尝试通过明确的概念进行解释，因为概念只能说明现实力量所造成的结果。如果要理解洪堡的历史概念，或者在洪堡看来如果我们要理解现实，关键是不能忽略或否认那些起因不明的现象，而要为它们在我们的历史图景中留出一席之地。

如果塑造在洪堡早期的国家理论中主要指对原发力量有计划的操控与引导，那么洪堡现在认识到了，操控与引导自身也需要一种力量。只有力量才能对现实产生作用并根据理念去修改现实。因而塑造被进一步理解成一种使“民族与个人奋发向上”的力量，这种有计划的操控与引导在方向指引上保持“向上”。但是，塑造是针对已有事物的，需要新事物的萌芽或原生力量作为前提条件，而这种力量就是个体本身。

对惰性力量将不做详细的解释。它是指个体形式的“动物性”，它使新事物的创造力量与引导向上的塑造力量受到来自需求与习惯的一成不变的阻碍，这种阻碍必须不断地加以克服且真正得以克服。旧事物的形式将成为新事物的材料或是构成新事物的对象，而塑造的结果是对新事物和其他事物的接纳或内化。因此，先前的塑造之物成为第二本质，借助惰性力量它对现有的新生事物又产生了阻碍。

总而言之，这三种力量只是同一种原发力量特有的不同模态或现象形式。如何将惰性理解成一种力量，洪堡在科学院的演讲中表述得更为清晰：“即便是精神的果实，如果精神没有不断地重新对它进行激活，也会失去它的精神性而成为物质。一切事物本身都具有思想的本质，思想只有在想到时才会拥有。”（GS；Ⅳ 46，47）这句话适用于一切历史事物，因此也适用于我们现实中的一切。如果没有一种活跃的力量产生抵制作用，时间不会保留既成的形式，而是会将它摧毁。

## 关于世界历史的第二残篇

洪堡在第一残篇中简要解释了三种“世界历史的驱动力量”，在第二残篇中通过详细论述三个“形成世界历史的起因”对此进行了补充：“事物的本质，人的自由以及偶然的安排”（GS；Ⅲ 361-366）。

对事物本质的阐述，展示了洪堡思想中柏拉图式的传统因素以及常识性的经验：“事物的本质要么完全是，要么在一定限度内是确定不变的。”洪堡认为这也同样适用于人的道德本质。他总结道：“从这个方面来看，整个世界历史……是可以用数学方法计算的。”他对这一思想的认真程度体现在他的一段评述中，在列举的最后这样评论道：“研究这种对世界历史进行机械的、化学的”——这里洪堡想到了歌德意义上的“道德亲和力”——“解释方式是十分重要的。”因为历史进程中的规律性只能由此得以解释：“即便是人的任意行为也具有本质的特征，这种本质遵循着按照同样的规律回归自我的历程。”

在这些论述中，大量谨慎的限定非常重要，以便为人的自由这种现象留出空间。尽管那种数学的考察方式“在一定程度上”“不可否认是真实的”，因此历史学家的“第一要务”是“尽可能地”继续作数学式的研究。但是，在这种极端说法之后，洪堡又开始其标志性的转向：“想从中寻找对历史的解释可能永远是徒劳的。”历史上的新事物从属于一种“不同于机械自然过程的事物秩序”，无法机械地去进行解释。在事件的关联“触及自由领域的地方，一切计算都停止了”。洪堡这里谈到的是“人类特性的创造力”，谈到这种特性的“产生”，这种情形“在思想家、诗人、艺术家、士兵以及政治家那里”都是相同的。我们之所以能够从印象深刻的例子、“天才般富有热情”的表述中理解“明确无误地”显现出来的思想，是因为“严格来说，每种人类个性的表露”都是相同的。正如他在科学院演讲时所言：“在两个生物被鸿沟隔离的地方，无法架起理解的桥梁，为了能够彼此理解，他们必须在另外的一个意义上曾经相互理解。”（GS；Ⅳ 47）

通过（首先）对本质的必然性与自由这两种形成世界事件的起因加以区分，洪堡显然联想到了康德。然而，他对康德的概念用其最有代表性的方式重新进行了解读。尽管洪堡吸纳了康德在事物本身与现象之间、在本质的王国与自由的王国之间所作的超验区分，却把这种对立本身移植到了现象世界之中。康德出于方法上的原因截然划分出来的两个互不侵害的领域，却又被洪堡重新置入了一种相互制约的交互作用之中，这样自然因果性与自由因果性之间的严格划分便不复存在。我们可以称之为一种自由本质的形而上学理论，但也应该尝试将其理解为一种后批判性的、经历了康德批判之后的形而上学。

洪堡用一句话总结了他从历史哲学上反思康德思想所形成的结论：“两组本质上不同的、看似对立的事物便是世界历史引人注目的动因：人们无法完全摆脱的本质的必然性和以我们未知的方式参与非人类本质的变化的自由。二者总是相互制约。”（GS；Ⅲ 365）明确地接受康德对本质与自由的划分，但从一开始就坚决反对在考察事物时区分二者，这意味着：即便是人的自由也是受到本质的限制，即便是事物的本质也可能取决于自由。一件事情是更多地表现为遵从本质必然性的事件，还是更多地表达成一种为事物本质制定新规则的自由行动，这是力量的问题。

洪堡一开始称之为形成世界事件的第三种起因的偶然的安排在这里他不再作进一步的讨论。但是我们可以尝试去描述他的思想。洪堡有时将偶然与理性相对立（GS；Ⅰ 79，Ⅱ 6），有时与意图对立（GS；Ⅱ 10，306）。前者是从观察者的角度所做的表述："人类理性最普遍的追求是致力于消除偶然。"他认为从康德的意义上说，这是一个调节所有认识的理念。如果用来认知的理性不允许以本质中的偶然为前提，因为这意味着所有认知的末日，那么理性也不敢"否认本质中存在偶然"（GS；Ⅱ 6）。后来他又用源自自由的新事物这个概念或是本质中无法解释的事物这一概念去替代偶然概念。而偶然与意图的对立是从被观察者角度来表述的。在世界历史进程的背后是否存在一种理性的计划？洪堡的出发点始终是，如果存在一种计划，这种计划对于我们来说也是完全无法辨认的。"偶然的安排"在这里必然有另一种解读。它要从参与个体的相异性、因此要从参与个体所处情境和状况的多样性中去理解。个体彼此不同，因为即便是在相同的情境和状况下每个人的行为都不相同（参见 GS；Ⅲ 365）。在这个意义上说，个体的反应是自由的，是无法计算的。个体的行动并非完全由行为者的本性所决定，而是也受到行为所处情境与状况的影响。在这个意义上说，人们能把偶然的安排看成是行为的"起因"，因为如果没有偶然，就没有自由的行动。偶然并不是指人类个体的本质，而是指个体所处的境况。

## "关于历史学家的使命"

从对"世界历史（动因）的考察"中自然就得出了"历史学家的使命"，这是 1821 年洪堡在科学院讲座的主题。这篇引发人们广泛讨论的文章有两点格外引人关注，即史实的概念及其与诗学的关系。

"历史的事实""只是流传与研究的结果，人们一致认为它们是真实的”（GS；Ⅳ 36）。虽然不难确定历史学家的任务，因为其任务就是“描述发生的事情”，但是进入真实事件的路径是有问题的。因为史实并非如所看到的那样。然而，没有所见我们也无法了解史实。史实必须从所见出发，再通过“感受、总结、推断形成”。史实是所见的“内在因果关联”，是所见的“内在真实性的基础”（GS；Ⅳ 35）。将一些事情作为真实事件去回忆与确定，这是从所见过渡到了史实。

对史实的分析往往只能推进到一些基础的“事实”，它们本身就是“流传的结果”，而且只有在与整体的关系中才能得到理解。那些我们已习惯当成史实的事情，仅仅是一些我们无法再具体想象的关于过去的知识，最多是一些原始知识。因而，历史的撰写者不能满足于对这些事实的列举。它们尽管已经成形，但对于写史者来说它们只是历史的“素材”。“在此踯躅不前，意味着为了一个外在的、字面的、表象的真相去牺牲一个原本的、内在的、基于因果关系的真相，即为了躲避不确定的谬误风险而去选择一个确定的风险。所有史实的真相是以对每个事实上述看不见的部分予以补充为基础的，因此史学家必须补充这样一个部分。”（36）

我们简短地分析一下这些语句：所谓的“历史事实”是那些“外在的、字面的真相”，即流传的结果，对此人们准备好信以为真，而且如果试图去研究历史，那么流传本身一定要是真实的。每一个探究历史的人，必定会从某处着眼，相信这种流传。但是这种我们需要去相信的字面真相，也只是“表象的”真相，在此踯躅不前是一种“谬误”，而且必定是谬误。为什么呢？事实并不表明“原本的、内在的、基于因果关系的”史实“真相”，因为这些事实对于我们来说只是不能被继续分析的成分而已：虽然我们知道它们可能并不是真实的成分，但我们无法理解产生这种流传下来的事实背后的相互联系。因此，事实对于我们来说只是历史的素材。我们必须要能“察觉、总结和推断出”这种一切历史所不可或缺的“内在关联”。只有用这种方法，历史才能为我们赢得“内在的”真相。这条进入历史真相的路径从来不是完全可靠的，但是，造成不真实历史的一种“不确定的谬误风险”替代了那种通过列举未被理解的“事实”而产生的“确定的谬误”。如果真的能够认识到史实的真相，那么只有通过“补充事实不可见的部分，而这正是历史学家必须完成的任务”。在从“事实”到“历史”的理解过渡中历史的真相得以建构。

人们很容易在这种视角下将历史学家与诗人进行比较。因为“从这方面来看，历史学家是自主的、甚至有创造性的”（36）。比较从相同与不同两方面展开：

—二者作用相近：描写必须“对直接观察到的不完整的和零散的部分进行补充和关联”，而且只有想象力才能做到这一点（37）。

—二者的描写都是“对自然的模仿。二者的基础都是要认清真实的形态，找到必然，剔除偶然”（41）。

—正如艺术家在每幅作品中描写美的形式并且唤醒美的意义，历史学家在每个史实中都要描写真实的形式以唤起真实的意义和对它的研究。诗人以数学和自然科学为基础寻找“形态的真相”；历史学家寻找“史实的真相”。二者都“受到观念的指引”。但观念并不是事先赋予的，当人们“用历史（或艺术）的思想方法”、借助对真实的或美学的感受力进行观察时，观念就在敏锐的目光下从“庞杂”的史实或现象中“突显出来”（45，46）。

比较式的考察将历史书写和艺术置于同一类型之中。但是对写史的评价会高于对艺术的评价，因为前者的任务更为广泛。艺术家追求的是模仿事物不变的本质，而历史学家试图描写岁月中的现实，描写由事物本质、人的自由以及偶然的安排所决定的个体力量之间的相互作用。在这一点上历史学家接触不同的力量，对这些力量按照亚里士多德分析自然事物的阶段模型（找不到更具说服力的模型了）进行分析便形成了不同的解释方式（参见 48-50）。

首先，“历史看起来像一台死寂的、遵从一成不变的规律、由机械力驱动的时钟装置”。但并不是一切都能以这种方法通过计算来进行解释。在第二阶段，史实展示了一种遵循普遍内在规律所形成的“生理作用”，人们也许可以识别它，但不能改变它。第三阶段是对“心理力量”的观察，其规律可以借助类比加以理解。然而，即便把这三种事物“观”综合起来也还是不能穷尽“史实之间相互关联的所有原因”。“它们只涉及了那些死寂的、活跃的和精神的本质之表象，这些表象在有规律地自我生成的秩序中一目了然，但没有涉及原发力量自由和自发的冲动”（50）。

这种原发力量，洪堡在所有领域和对几近可按规律进行解释的事物的所有思考中遇到了这种力量，引导他超越“现象的领域”，正如他特意用康德术语所作的表述。与康德不同的是，他认为为了能对现象进行解释必须跨越现象的领域。然而和康德一样，他坚持认为，人并未被赋予“官能”去辨识自身之外现象的起因。借用自柏拉图以来的流行表达，他称之为“观念”。

除了前面所提到的历史中死寂的、有生命力的和精神的力量之外，观念也是“一种起着更为强大作用的原则，这个原则不能直接观察到、但是赋予那些力量以动力与方向”“就其本质而言，它摆脱了有限性”（51）。本质上不同于柏拉图的观念，洪堡的观念与单个的现象相关联，它们必须在历史上得以实现。“观念有两种表达途径，一是作为方向，一开始并不引人注目，但逐步变得显而易见，最后不可抗拒，影响非凡”[人们想到了尤内斯库（Ionescos）的作品《犀牛》（*Rhinocéros*）]；然后是、也主要是“作为力量的创生”（51、52）。无法解释的创生力量以及同样无法解释的塑造力量，它们对抗着看似强大的阻力而保持着方向，在洪堡看来，只有从“观念的追求”这个角度才能加以理解，“以便在现实中赢得存在”（56）。虽然一个观念只能在个体中才能实现存在，但是它有规律的生存与死亡“表明，完成在现象中的显现过程，这就是观念特有的本质”（53）。

洪堡在科学院的演讲最后用一种新方式将“观念学说”发展成历史的“终极起因”，却无须放弃他对历史目的论的坚决反对。他写道：“从人类的角度而言，一切历史只是一种观念的实现，在观念中既存在着力量也存在着目标……（人类）历史的目标只能是在各个方面、在所有形态中实现由人类所表达的观念，暂时的形式能够与观念联系起来，历史只能在二者不能相互渗透之处断裂。”（55）这并不是关于独立于我们的、不管是出于必然性或意图性、的的确确出现的历史目标或终极历史的绝对表述。这一方面更像是一种同义反复的概念解释，另一方面又是一个关于我们现实的假设性表述。洪堡在这里命名的人类历史观念，其实就是一种假设，认为人类是一种现实或者是真实的东西（作为精神的个性真实地存在），因此试图勾画人类的历史（“作为对所有历史事实内在关联形式的普遍印象”）并非毫无意义。观念不是永恒的、预先设定的和一成不变的。但显然它是现实的：我们经常让它来确定我们的思维和行动，由此我们相信观念的存在。通过不断地显现，观念得以保留。一旦观念不再附着于个体（暂时的形式与观念不再能够相互渗透），一旦我们将之遗忘，它便会结束其现实的存在（即事实的进程作为一个过程被终止）。

# 第三章　自然

## 1　特性研究

从一开始洪堡就致力于观察、理解、描写事物的特性，从事物的特性出发来了解、区分和确定事物。“特性”成为理解洪堡思想的关键概念。

最便于进行特性研究的领域便是洪堡接触到的和在旅行中特意探访的“有趣的”人，因为这些人能够丰富洪堡关于人类特性的知识。为了理解人，必须要了解他们所处的境况，而人们所处的境况也是一种特征。因而特性研究以单个人为出发点，涉及越来越广阔的层面：洪堡探索一个民族的特性、一种语言的特性、一件艺术品的特性和一段历史时期的特性。即便是对人类整体的理解，我们也恰恰是通过对人类特性的研究而形成的。简而言之，这一研究可以扩展到一切现实事物之中。植物和动物的种类，以及地区都有其特性。威廉试图撰写有关“楔骨”的专著（与歌德的书信往来，1795 年 1 月；Nr. 13：3），或是亚历山大作为专家撰写《关于古巴的政治随笔》（*Essai politique sur l'île de Cuba*；1826），就是一种特性研究。亚历山大在他的书中，从矿物力量到精神力量、从气候情况到经济情况，把这一切综合在一起并相互联系起来，这有助于从特征上形成对他的研究对象的全面理解。

如同我们关于人的知识一样，我们有关一切现实存在的知识都受到经验的限制，这种知识是历史的且永不枯竭。历史自然与历史社会并非对立体：二者都涉及“研究自然客体”（与歌德的书信往来；Nr. 13：

50）。二者的对立面更多的是无关于现实的数学。这种对特性研究的普遍主义观点自然超越了特性研究本身而延伸到语言哲学，或者，其实原理相同，是关于概念的新概念。这个以后再谈；接下来进一步讨论特性研究。

洪堡在其宏大的《十八世纪》（*Das achtzehnte Jahrhundert*，1796/97；GS；Ⅱ 1-112）这一残篇中，详细论述了特性研究的意义与功能。该残篇是他计划编著的《我们生活时代的特征》（*Charakteristik der Zeit, in der wir leben*；GS；Ⅱ 1）一书的引论部分，这是一部巨著，就连作者本人也许也从未认为能够完成它。洪堡在1798年4月写给歌德的一封信中谈到“西西弗斯的石头（Sisyphusstein）……我向前滚动着它，当它没有太过经常地、危险地朝我滚回来时，我幸运地自我欣赏”（Nr. 13：52）。相较于特性研究的所有其他对象，这部著作需要更多的方法上的论证。因为这个刚刚在日期上“完结”的世纪是否是一个真正的现实对象，并非不言自明，即便这个“人类事件的感性片段……本身需要我们停留下来观察”（GS；Ⅱ 20）。但是洪堡只撰写了内容丰富的引论部分，确定了“分析时代特性的需要和存在的困难”（31）。

历史阶段的特性是人类特性的一部分。因此它一方面必须以“总是统一”的“人类观念”为出发点，另一方面它的目的和界限并不属于“紧凑的、完美的范畴”，而是“人类特性的松散的、可能的范围，包括了一切源自人类禀赋和喜好的东西”（GS；Ⅱ 3）。从松散的意义上看，“人类”，如同每个物种与每个概念，是“一个永不完满……一个无尽的客体对象”（42）；人类个体的形态具有无穷的多样性。这种无穷的多样性源自个体本身的无穷性。“从本质上说，每一种特性必然是无穷的；没有一种力量会在其发展过程中为自身设置停滞状态”（56）。因此特性研究既不是纯粹臆测的，也不是纯粹实证的。更多的是“努力以真实的经验为依托，因此在真正的智性上是具体的”（50）。

亚历山大·冯·洪堡（1769 年 9 月 14 日－1859 年 5 月 6 日）。乔治·弗里德里希·魏茨（Georg Friedrich Weitsch，1758 － 1828）于 1806 年所作油画。作品描绘这位年轻且已经著名的学者从他伟大的美洲之旅（1799 － 1804）归来后，身处一片理想化的热带风景中，戴着这位自然学者的象征物。

如果从历史的角度对这项新事业进行归类，会马上得出这样的结论："在所有研究中，至今很少有像人类特性研究一样被如此忽略的"（GS；Ⅱ 52），而且恰恰人们对此有着不同一般的期望。道德家，如特奥弗拉斯特（Theophrast）和他的法国追随者们，只是描写了人类零星的特性；历史学家通常很少去研究行为者的个性；只有现代诗人，首先是莎士比亚（Shakespeare），他们出色地描绘了人的特性，但并不去分析它们（参见 52-54）。特性研究必须将三者合而为一。

但是什么是"特性"？洪堡把这个词的运用与"日常语言"运用区别开来（GS；Ⅱ 55），就他赋予特性研究的意义来看，这不足为奇。洪堡认为日常语言运用中的这个词在两个方面过于狭隘。一方面"特性"这个词通常只指"人的习俗与观念"，以至于对个体的描写要借助其他特征而非他自身的性格；另一方面，人们往往将特性与一种强势性格混为一谈，因此认为存在没有特性的个体。与此相反，洪堡在这里试图发展的是"有关人类知识的哲学理论"，认为"特性是所有特点的总和，它将人看作是物理的、具有才智和道德的生命，尤其是将人从根本上彼此区别"（同上）。这个定义包含三层含义：一，它包括人类本性的所有方面；二，将人类与其他生物加以区分；三，"尤其是"对人类个体进行区别。因此特性学的研究对象是个体，其"特点"要通过分析它相对于其他个体的特殊境况来确定。"整个人类考察事业需要两方面的努力，找到某个主体相较于其他主体所不同的特征，从中推导出个体的本质"（56）。特性并不是由（作为将某物确定为某物的前提条件的）身份，而是由其固有的特定差异所形成的。

个体特性的问题关系到一个人、一个民族、一个时代，涉及他们之间的差异。洪堡有必要找到人个性差异的原因或者至少是人个性差异的所在之处。其前提条件是，一切现实都是力量，而且正是人性力量使人成其为人。个性的差异"并非建立在力量本身的差异"之上，"因为就力量而言人类是完全一样的”；但也不能“建立在力量的绝对程度”之上，因为一种力量展现的程度取决于其诱发条件。程度只是展示了状态，而非个体特性（参见 GS；Ⅱ 56-59）。特性的差异“因而只能”：一，基于“关系”；二，基于“力量的运动”。这至少是洪堡不得不提供的答案，并且他在巴黎进行特性研究期间还检验过它的实用性（59）。

人性力量之间的关系从未达到过完全的平衡。它更多地表现为“本性总是青睐一种主导力量”，而“具有塑造功能的理性”只能发挥平衡作用。因此，要确定一种特性，关键是要弄清楚它的“主要”方面（59，60）。同时，要确定力量之间的特性关系并不看其独自的表现，而要看它们相互作用的方式。“因为特性处在一种持续的活动中，所以其能力之间的关系会随时发生变化。由此，任何从力量的本质特性中得出的特性描写总是错误的，因为这是以本质中并不存在的停滞状态为前提条件的。相反，追求活动提供了一幅符合现实的个性画面，人们通过这种追求活动在思想、情感及行为上实现进步。”（61）

这些主导思想改善了特性研究的方法。但是仍然存在一种与事物本质不相符合的做法，对此洪堡完全清楚：“如果人们愿意相信，也可以像对同一事物分离出双重看法那样来区别事物的本质，那么就可能完全偏离考察本性的正确轨道。只因为在人类的特性方面存在某种特定力量并以特定方式和节奏发挥着作用，所以容易将物质与形式区分开来进行独立考察，但是二者完整合一并且能够相互解释”（GS；Ⅱ 62；参见94）。在语言研究中，方法上不可避免地将语言拆分成“成分”和“方式”，或是在语言学中采用的解剖学和生理学的考察方式，对此洪堡后来用完全相似的论述试图限制这种绝对性倾向（参见 GS；Ⅵ 146，147）。因此他总结道：“在人的心灵中运动着的各种因素，思想、情感、喜好和意志，它们是如何、以怎样的顺序和关联发挥作用并构成了个人特性——也就是个人各种力量之间的关系和运动，要从整体中去思考。”

（GS；Ⅱ 69）

从对特性的一般论述中，洪堡引申出描写特性的四个基本规则：

其一，评判特性要根据其“内在联系，而不是满足某种目的的外在用途”，也不是根据它的行为。“我们所能完全把握住的只有我们是什么，而我们做什么则取决于偶然和情况。”（GS；Ⅱ 69）

其二，“根据其发展方式和活动方式用生物起源学的方法”来描述构成特性的心灵力量，这样可以“更多地把心灵力量的培养和作用看作是过程而不是结果”（72、73）。

其三，每一种特性描写都必须从外部及其表现出发，而且只有以此为出发点逐步过渡到“特性的内在本质”（75）。这是一种艺术，要求有“才华”和“天赋”。

其四，最后一条规则涉及一个特别的、在洪堡那个时代讨论颇多的关于相面术的价值问题。乐观主义者相信，从外部现象能够估计内在本质；洪堡却认为：“人们不可以把主体身体和外貌的特质看成是解读其内在特性的信息来源。”相面学者的关键错误在于，试图将相面术“从一种艺术提升为一种科学……一切与数学方法稍有联系的东西都能扼杀真正的实际的相面术精神。”（78，79）

这里提到的规则适用于所有种类的特性描写，有助于建立“关于人类知识的哲学理论”，但它们的作用并不局限于人类。相较于智性它们更多地诉求于想象力（64）；它们的成果是一幅“特性图”（84；参见95）而不是理论；它们可能的研究对象是一切个体，现实和既有之物，亦即我们生活的世界。与此相对，只有数学抽象的一般概念才可能被认为是没有特性的。因此，洪堡意义上的特性研究是一种对世界智慧的批判性反思，是对科学无法认识事物的内在本质这种批判观的回应。

最后的论述表明了特性研究在洪堡思想中所具有的地位。在他看来，特性研究并不亚于依据康德人类认识能力之批判所形成的“对哲学对象”“进行真理研究”的方法（GS；Ⅱ 87）。所谓哲学对象，与虚构而成的数学的研究对象相反，是指一切现实的东西。康德指出，一切对现实事物的科学认识只有联系被看作现象的事物本身、且“从中窥见到数学”才能成为可能（参见 93，94）。洪堡完全接受了这一论断，只是从中得出了不同于康德的结论：

我们无法从科学上辨明的，并不是虚空，对于我们寻找真理的思维而言也不是虚无。如果认识可以局限于科学而科学又简化为数学的话，那么人们必须为“真理研究”开辟科学认识之外的其他道路，人们也许可以这样来描写洪堡对他那个时代的哲学问题所采取的外交式的而非专家式的回应。差异主要是术语的问题。人们当然可以用其他方式来回应康德的挑战。黑格尔拓展了科学概念，将数学或智性思维看作是科学的自身要素。相反，洪堡保留了认识和科学的本来面目，或者确切地说，保留了在康德理性批判框架下对它们的理解方式，即对现象中的既有事物进行数学描写。而他自己则另辟蹊径——用特性学，后来是语言学，对个体差异进行研究。这样他为自己安排了一种研究，这种研究在康德看来几乎与“狂想”无异，因为人们，正如康德所认为的那样，从由此所展示的前景来看“绝对将一事无成”（康德写给席勒的书信，1795 年 3 月 30 日）。

洪堡并没有看到这种对立。他并不想通过他的研究与康德划清界限，而恰恰是借用康德来反对前批判形而上学的认知乐观主义：“对于研究真理而言，没有哪种处理哲学对象的方式比这更为糟糕的了，即忽略事物真正原初的本质并错误地用概念去测定与穷尽根本无法识别的事物的真实形态。”（GS；Ⅱ 87）洪堡在此将其对特殊对象——人——所作的论述普遍用于哲学的研究对象，即现实客体。他谈道：“人较之其所有言行、甚至所有情感与思想，还具有更多，还有所不同。”“个人的所有意图与理性思考可以在一定程度上不多费力地得以发展和分离；但如果思想或意志率先产生，那么人们似乎就会突然置身于一个陌生世界的边缘……然而正是这种原初的动力和内在的力量，构成了个体的本质，而且是一切运动的源泉。”这种“内在的、潜藏的特性”“也许长期蛰伏，然后当机会出现时，突然变得活跃起来”，这种特性既不能被事先估算，也不能被事后解释。正是特定的和所有的原初现象，以及所有历史上的新生事物所具有的这种不可估算性和不可解释性，“必然将我们引向一种（人身上）内在的原初力量，这种力量构建了真实的我及真正的特性”（88、89）。在明确意识到“科学地”认识现实是无法企及的情况下，洪堡看到了对天性力量绝非“狂热”的研究所潜在的成功以及所具有的吸引力和益处，这样的研究可以拓展我们的知识并且能在拓展知识的道路上给我们带来享受。

因此，洪堡的特性学是回答“事物究竟是什么”这个问题的一种新方式。在他看来，普遍问题是由某个特殊问题所引发的：人究竟是什么？回答这类问题的传统方式是给出定义。人们寻找普遍概念，即类型与特定的差异。然而这是不够的。这并不仅仅因为莱布尼茨提出的对现实概念的定义原则上具有开放性，更多的是因为在概念的统一性中所可能存在的大量差异成为概念定义的内容：如果让一个概念符合现实，那么它的统一性是前提条件，然而这种统一性最初隐藏在各种现象之中，只能被感觉，而不能被确定。特性学就是要寻找那种“由感觉”或被“直接”认为相互关联的现象其多样性所具有的内在的统一或本性。正如洪堡（在涉及人的时候）谈到，这个本质的统一性是“原始的力量，本初的我和与生俱来的人格”——所有莱布尼茨关于单子的规定。洪堡认为，正是这种内在的、最终无法解释的力量，是“人的自由”的基础；这种力量是“人的真正特性”（GS；Ⅱ 90）。

存在于现象中的一切可以理解为内在力量的作用，这是对特性学形而上学的假设。对作为特性学基础的形而上学，洪堡并没有做明确或详细的讨论。但他使用传统定义下的形而上学术语，这种方式使他的观点变得清晰。只有通过对近代哲学传统、问题及其发展的详细引述，才能完全理解这些观点。那么，让特性学成为必要的、有意义的和可行的哲学方法的洪堡的形而上学，又是建立在哪些概念基础上的呢？

## 2　自然形而上学

### 笛卡尔和莱布尼茨

“充满能量的存在便是生命。”（GS；Ⅰ 333）为了理解这句话，人们必须知道，洪堡追随莱布尼茨，认为一切存在都充满了能量：现实的就是能动的。这种思想表达了对近代自然哲学的发端批判性的背离，即从试图通过几何学重构上帝对世界的建筑计划的数理物理学进行回归。洪堡在这一批判性传统中的立场对理解他的思想有着特殊意义，而且他的这一立场至今未能得到应有的重视，因而应该予以较为详细的描述。

在《哲学原理》（*Principia philosophiae primae*）关于形而上学的第一部分中，笛卡尔区分了万物的两种最高类型：肉体和心灵。这两种事物类型各自以某种本体为基础：物质本体与精神本体。每种本体都有一种构成该本体核心与本质的主要属性。肉体的核心与本质仅仅是广延（Ausdehnung），我们对肉体的区分可以回溯到大小、形状和运动等不同的广延模态。但是，由此整个宇宙只存在一种物质，而且所有的事物变化只依赖于局部的运动。

从对我们思想的反思，确切地说对作为思想内容的观点（观念）反思中形成了对广延和思维的区分。针对首次用反思哲学方式提出的关于思想的可能性和限度问题，这曾是反思哲学的最初回答：当我思考时，思考者究竟是谁？当然是我。但思考的我又是谁呢？是本体上不同于我的肉体的东西。在我们身上似乎存在这种作为心灵的我们与归属于心灵的肉体之间的区分。

这里无法论证该回答的必然性，也无法对它质疑，在当时它似乎是无法反驳的。但它又导致了新的问题。这个肉体在多大程度上是我们自己的肉体？一个（诸如我们的）心灵如何驱使一个（诸如我们的）肉体？对肉体与心灵之间的关系以及二者之间可能的相互作用的探问，一直是笛卡尔主义存在的一大问题。但是，这一笛卡尔主义特有的问题只是一个更为宏大的问题的特例。笛卡尔的几何物理学不仅无法解释，心灵如何能引起肉体的运动（例如，我抬起我的手是如何实现的），而且也无法从普遍意义上解释，特殊运动究竟如何才能产生。因此，对运动之源的探问成为近代物理学和形而上物理学的基本问题。

莱布尼茨对笛卡尔的挑战进行了回应，这对这一思想的发展具有划时代的意义，而且对洪堡的思想尤为重要。莱布尼茨借新科学之名设计了他的物理学，他称之为动力学，即运动学或是力量之学（dynameis），确切地说是关于“生命”之力的学说。通过这种机械学的新名称和新概念，他批判了笛卡尔的学说，他将笛卡尔的物理学理解为关于“死寂”力量的机械学或是静力学。机械实验让莱布尼茨确信，运动规律不能仅仅通过对广延的几何测定来计算。基于观察他自认为有理由作出这样的结论：“除了广延之外，甚至在有广延之前，肉体之物还具有一些东西……这是自然界的造物主随处注入的力量，这种力量充满了追求或欲望（conatus sive nisus），在没有受到反作用的阻挠时便可能完全发挥作用。”（《动力学样本》第一部分；*Specimen dynamicum*，Ⅰ 1）因此，即便在笛卡尔那里无法感知的物质的本体也被莱布尼茨确定为力量。

如果说笛卡尔主义的广延本质上是能无限划分的同一，那么莱布尼茨的力量本质上是多样的：一种力量如果没有阻力就不是力量。每种力量都是特殊的：它只能在此时、此地发挥作用。因此存在无尽的、至少是数量上无法估量的力量，每种力量各具特性、互不相同。由于将本体理解成力量，存在的差异性而不是同一性便成为了形而上学的主题。迄今人们探索多样性中的统一性（万变不离其宗）；从这种统一性新概念出发（一切皆是力量），莱布尼茨寻找相同中的差异："生命"之力的差异。

单个或个性化的本体才具有"现实性"，然而现在这种本体性不再只是可能（realitas als facultas essendi oder possibilitas cognoscendi），而且同时也是现象存在的原因（causa phaenomenorum）。"现象"在这里并不像康德那样认为是一个认识论的概念，而是一个形而上学的概念。现象就是通过一种自身并不显现、但又"实际"体现于现象中的一种力量所"引起"的。所以现象是并不显现的起因、也就是力量所产生的效果。作为关于世界现实事物的学说，物理学的最高形而上原则便是充分理由原则（principium rationis sufficientis）：发生在现象自然界的一切（或者说一切现实之物）都有其充分的理由。

出于物理原因，真正的力量必定存在着运动，借此莱布尼茨从物理学转向了另一种形而上学："自然界的真正原子"是无法观察到的本体，他称之为单子（单元）并且预设了它的多样性。根据本体的概念，单子必须是恒定不变的，从动力条件看，它们一定是现象的起因。所以莱布尼茨认定，它们尽管是被创造的、却是原初的（原始的）力量。我们今天更愿意称之为能量。因为这些本体是本质上总在发挥作用的力量，只有在它们发挥作用时，才具有现实性，否则它们便是虚无的。在现象中每一个反应都对应一个行动，每一分承受都对应一种活动（当然这种区分本身总是相对的），而在本体中只存在现实性、行为或行动。反应与反作用，承受其他事物的作用所显现出来的事物的被动性，（实际上或从实质来看）是一种活动。对单个本体而言，所有变化本质上都是它自身发展的要素。因为严格来说，每个单子都以自己的方式包括了整个宇宙，每个单子都是一个单独的视点，或显或隐地体现，并随着时间进一步展现整个宇宙。某个单子所“遭遇到”的一切，最初是和它一起作为其本质属性而创造的，而非来自外部。用时下讨论的术语来说：本体之间没有相互影响；借用莱布尼茨的传统表达方式：单子没有窗户，感官也不是心灵之门。

笛卡尔关于肉体与心灵之间相互作用的问题分两步得以解决：首先，将二者作为真实与现象、起因与结果互相区分，肉体被去本体化。其次，进一步假设存在一种预定和谐，将截然不同的二者重新结合在一起。根据这一假设，肉体的相互作用与本体的行动之间存在一种精确的对应关系。而只有表现本体力量的现象（或是想法）才是可靠的。

用这种方式的确解决了笛卡尔形而上学中争论不休的心灵与肉体的问题。但这样的解决方式又重新引起争吵：问题并不在于 18 世纪如伏尔泰（Voltaire）对形而上学乐观主义的激烈批判，这种形而上学乐观主义其实并不独特，莱布尼茨只是用“众多可能的世界中最好的一个”这一论点作了较其他人更为尖锐的表述而已。问题主要在于单子的无窗户性，因为它意味着所有的相互作用都是假象，事实上没有事物会从其他事物那里承受或者得到什么；单子的数量和命运从一开始就是确定的。依据莱布尼茨，这个世界不会有创新，世界只是在时空上，亦即现象上展现存在于永恒中的东西。

### 康德

在这些问题的发展过程中，康德开启的下一个具有深远影响的时代对于洪堡同样具有特殊的意义。康德在 1786 年的《自然科学的形而上学基础》（*Metaphysische Anfangsgründen der Naturwissenschaft*）中创立了他后来的自然哲学批判思想。此文尽管认为自然论必然包含了自然形而上学，但是康德强调的是自然论框架中的科学，即自然科学，“都涉及数学”（《基础》；前言，A Ⅷ）。作为关于潜在的认识对象或者关于我们认知对象具体性的学说，普遍自然形而上学在《纯粹理性批判》（*Kritik der reinen Vernunft*）一书中认为，对于我们来说认识的可能性局限于我们可以直接观察到的具体对象。因此，所有的自然论、也包括潜在的自然科学，都以一种特殊的自然形而上学或是关于经验事物的非经验性知识为前提。

出于历史上显而易见的原因，自然科学是以物质概念为基础的，即把物体的本质理解为外在感官的普遍对象。结果表明，与作为内在感觉对象的思维本质概念不同，物体的本质概念可以进行数学建构。物质概念的基本定义是空间运动，因为只有空间运动能够刺激外部感官。基于这一第一个形而上学观点，自然科学通常一定是运动学。康德在《基础》一书中的成就是对如此定义的物质概念进行形而上学的演绎。由于根据他的普遍自然形而上学的规定，每种这样的演绎必须遵循范畴表的模式，自然科学便划分为四个部分：运动学、动力学、机械学和现象学。

运动学把物质论述为“空间运动体”（A 1），并由此表明是“运动的纯数值论”（A 18），如同笛卡尔的机械学，或是作为时空变化的几何学。

动力学把物质论述为“占据空间的运动体”，它阻挡着“试图进入”该空间的其他所有运动体（A 31）。这种作为物质阻力的空间占据以力量为前提，由此得出了第一个定理：“物质借助一种特别的运动力占据了空间”（A 33）。下面的阐释称之为吸引力和排斥力。有一点补充尤为关键：“人们只能想到这两种物质的运动力”（A 35）。为什么恰好是这两种力呢？这是牛顿（Newton）引入的，并且曾为此遭到激烈的批判。他极有可能假设了力量播及远方和来自远方的作用。因此莱布尼茨说它是质量神秘学（qualitates occultae），这对坚信自身已经摆脱了文艺复兴的自然魔法思想束缚的启蒙理性主义物理学而言是一件可怕的事情。康德自己暗指这种指责，对此反驳并认为，没有对这种力的假设就无法认识“动因及其规律，依据这些规律人们能够从程度上估量这种作用力，即所处空间的阻力”（A 42）。对运动进行计算（估量）的有用性辩护了对这两种无法解释其可能性的物质基本动力的假设。这种假设是认识动态现象和所有自然科学的条件。

接下来的阐释清楚说明了这两种力不可或缺的深层原因。我们能在感官上感知运动，必然要有两个物体。因为一个物体的所有运动都是相对于空间而言的，而空间只能通过另一物体才能显现。为了能在空间上将一个物体与另一个物体区分开来，我必须认为存在使物体能够自我定义以示区别的内在力量。因为从运动学角度看，物质只有无限的可分性，但并不真正可分，因此物体也不是真实的存在，并非本体。如果不另外假设相互对抗的不同力量，广延只是同一。因此，康德将物质的排斥力或物质的相对不可穿透性称为物质的真实，而将吸引力，如果能不受阻碍地发挥作用就能遏止一切阻力，称为物质的否定，同时，将决定空间占据程度的吸引力对排斥力的制约称为限制，用这种方式康德证明了他的形而上学动力学是关于物质质量的超验论（A 80，81）。

力量是不可感知的。但是如果我们不假设力量的存在，就无法认为物质是外部感官的对象。康德认为，运动力量是“使物质概念成为可能所必需的”（A 82）。这是对力量的超验辩护。换句话说，如果我想定义物质，而且如前所述，物质是一个该定义给出的经验概念，我们只能这样去理解，那么我也必须相信存在运动的力量，确切地说是排斥力和吸引力。这样的想法是合理的，“如果它们不可避免地与一个概念有关，而这个概念可以证明是一个不能从其他概念推导出来的基本概念（如同空间占据概念）”。这些尽管是形而上学的设想，但是正如康德所言，“是经过批判验证且方法上运用了形而上学”的设想。用这种方式既没有像笛卡尔一样“让所有的原初的运动力脱离哲学”，也没有臆想不合理的自然力量（A 83，84）。

康德认为，机械学以动力学因而也以一种由内在力量从质量上定义的物质为前提。因此，机械学以更为广泛的物质定义为出发点：“物质是运动体，如果它自身具备运动力量。”（A 106）机械学的核心是三个定理，它们分别又以普遍形而上学的一条原理为基础，即我们认识的对象从根本上说是先验确定的。对于内在力量而言，机械学第二定理有着特殊意义，它与“因果律时序原则”（《纯粹理性批判》，经验的第二类比；B 232-234）相一致，即“物质的一切变化都有外在原因”（A 119）。对该定理的阐述清楚地表明，出于自然科学方法上的原因，作为外部感官对象的物质被剥夺了一切特定的内在定义。这条定理被进一步阐述为物质的“惰性定理”，而且“只是表明物质是无生命的”（A 120）。无生命物质的内在力量，排斥力与吸引力，是普遍的力量。在一切物质中它们都相同。此外，吸引力在各处都一样。只有通过不同程度的排斥力才可能将物体彼此区分，仅仅通过排斥力物质就获得了真实性，而自然界的事物能够被看作是相互区别的，即便不能被看成是特定的。“一种真正的自然科学完全”基于物质内在力量的普遍性并与物质的惰性定律相连，即一切物质变化都可回溯到外部原因。出于方法原因和科学目的，必须要认可自然是无生命的；与之相悖的看法——“万物生命论”——也许“是一切自然哲学的终结”（A 121）。

因此，这里讨论的自然论可以概括成一个非常简约的表达形式：要么自然是有生命的，要么存在着自然科学。在《基础》一书中只论及了自然科学。而生命，康德在这里用传统方式定义为自为运动（A 120），今后不再是认识的潜在对象。出于科学性，自然哲学必须纯粹从物质的角度去解释通常被视为生命体的现象。从这层意义上讲，康德继承了笛卡尔的近代自然哲学传统。

众所周知，这里康德并没有否认生命现象。他也没有认为至少原则上可以用机械的方式令人信服地解释这些现象，如同在前批判时期机械主义形而上学论时不时所设想的那样。相反，他清楚地知道，若在自然论中不认可自然界的种类特点，即不认可解释自然的目的论原则，那么就不会有太多作为。由于自然的特定目的只能从经验上获得，因而从目的论解释自然只是“自然史”，而始终不能成为“自然科学”。被视为生命体的自然，其内在力量是特殊力量，从中无法得出关于自然的一般概念。

康德曾谈道，自然科学最首要的任务是解释“物质无限可能的特定差异”（A 100）。可以总结性地论述如下：笛卡尔用亚历山大快刀断乱麻的方式[1]解决了这一问题，他否认了种类差异性，至少从方法上和对我们的认知而言。时空中的一切事物皆为同种，广延而成，别无他选。莱布尼茨认为有充分理由颠倒这一秩序。他将事物的无尽多样性和差异性看成是与生俱来且既定不变的，以此来解决这个问题。然而，这种背离笛卡尔的做法产生了难以解决的后果。康德采用排除法来处理莱布尼茨遗留的无交流之和谐问题，在方法上把认识限定于显现的对象，借此从科学中排除了对自然的特定差异和对事物内在力量的探问。自然科学把它“最首要的任务”留给了非科学的自然史，后者在反思判断力的指引下探索特殊的自然目的，借此使一些现象，尽管是在经验上，得到较为满意的解释。科学回避所有特殊的或历史的问题，这对于很多当代人而言与莱布尼茨的和谐假设一样是不可接受的。和谐假设尽管把所有的现象都归因于内在力量，但是，内在力量和现象的准确对应由上帝预设，从而否认了任何现实的影响。

1　这里使用了亚历山大斩断戈尔迪之结的典故。

## 赫尔德

赫尔德对莱布尼茨哲学困扰的反应与康德截然不同，这对于洪堡和他的同代人而言具有指导意义。为此还要重述这一情况：笛卡尔认为外部自然的本体是同一的——广延，纯粹是外部现象。这是所有数理自然科学的形而上基础。莱布尼茨认为外部自然的本体是内在本质，它具有无尽的多样性：正如主体有大量的称谓，它总在活动，是不受影响的力量。莱布尼茨将形式的差异性与丰富性变为形而上学的主题——这也是赫尔德和洪堡的主导思想。由此，在传统形而上学的外表下和在神学耕作优良的花园中，出现了彻底变革的迹象：这是新柏拉图—基督教本体论的瓦解。下面用一个特殊问题来加以说明。

关于永恒理念与种类的本体论，它所导致的自然哲学结论是生成既定论。莱布尼茨，他不仅仅是政治上而且还是哲学上的和平相处论者，谦恭地追随着这种生成既定论。然而这种谦恭是有心计的。他没有对其进行批判，而是将这种既定思想拓展到个体层面并且转变了他的意图：种类之间的清晰界限被消弭了，种类的形成变为了程度的问题。但是，恰恰是通过援引莱布尼茨的观点，18 世纪物种既定理论仍然占据主导地位 [ 哈勒（Haller），伯纳特（Bonnet）]。最初被忽略的莱布尼茨思想的革命性在于，维系着事物自然秩序、由上帝预构的自然界的物种区分，尽管没有被废除，但是被无限细化：所有的个体都彼此不同。上帝创造的不是无尽的物种而是无尽的个体。现有的一切都得以留存，自然界中既无生成也无消亡。

正是这种坚定的、但极端和无限多的使自然界个体之间绝对隔离的栅栏，促使莱布尼茨的追随者赫尔德冲破一切藩篱。他接受了单子论和延续性定律，即对形式多样性与丰富性的洞察与热情。但是，他拒绝认可世界之间、肉体与心灵之间、内在与外在之间、本体与现象之间的非延续性，他反对将一切交流局限于运动现象而没有触及事物内在本质的那种形而上学。那种既不能发挥作用也不能接受影响的力量又会是什么呢？而那种并不由力量所引发、却能够成为发挥作用的力量，又会是怎么样的呢？

赫尔德在回复柏林科学院的1773年6月有奖提问时所撰写的第三版及最后一版著述《论人类心灵的认知与感知》（*Vom Erkennen und Empfinden der menschlichen Seele, Riga*；1778）中，全面、清晰，但是相对简短地讲述了他对这些问题的看法[作品集，苏凡（Suphan）出版；Ⅷ 167-203]。对此阐述如下：

在赫尔德看来，一切认识的方法原则是类比。他从莱布尼茨那里接受了这一原则，但他同时也反对莱布尼茨对内在力量和外部现象的分离，他像前人维科（Vico）、哈曼（Hamann）一样，指出我们的概念源自具体形象。当我们谈到所谓的死寂的自然时，我们在谈论沉重、碰撞、跌落、运动、寂静、力量及其他，但是没有人知道，“它在事物的内部有着怎样的意义”。另一方面，我们越是对自然“沉思观察，就越发不能不感受到和我们自身无所不在的相似性，越发不能不用我们的感觉让一切生机盎然”（169）。因此，“形象词语”是一切对自然解释的源头，由人及物，往往形成“一幅新画面，一个类比，一种鲜明的比喻，这些孕育了最伟大和最勇敢的理论”——牛顿、布冯（Buffon）或是莱布尼茨都“不由自主地成为诗人”。在这里赫尔德并非在指责世界智者的形象语言，而是这种矛盾，即他们一方面“申明反对形象语言”，另一方面又“一直伺候那些古老且让人费解的形象神神祇”。因而他维护诗学“对人的类比”，体现在我们基本概念的形象性中，作为独有的“人类真理”：“我们所知悉的仅仅源自类比，从上帝创造的万物到我们人类，从我们人类到造物主。”（170）

赫尔德选择刺激作为该意义上“人类”观察自然的基本概念。德语词“刺激”（Reiz）在 18 世纪成为生理学和心理学的专业用语，赫尔德自己认为对该术语的运用来自哈勒。自此刺激成为了生命因果关系的最初形式。赫尔德认为刺激就是生命（174），或者换句话说，生命最初展现于刺激现象中，即通过一种机械主义无法解释的因果形式。尽管这里也适用原因定律，但是对使之成为所有数理自然观察的基本原则的机械主义阐释不再适用：原由不再是理，外部的作用不一定与外部的原因有一种可预测的关系。但是，如果否认了原因定律的机械主义阐释，那么就否认了（莱布尼茨从动力学上拓展的）机械主义物理学的基本原则，否认了宇宙中力的数量守恒这一基本原则。而正是这一点对赫尔德以及后来的洪堡来说非常重要：（外部的）作用要大于引起它的（外部的）原因。由此形成了产生新事物、新个体、新力量的空间，新力量不再是现有力量的转换。赫尔德至少在这里没有谈到作用也可能小于其原因，力量和个体会消逝、并且是无痕地消亡。对此，他也许太固守于一定的神学视角，受到那种在一个可能最好的世界里获得进步的信仰的束缚。与此相反，他在这里追寻从植物机体中最简单和最低级的刺激形式、到动物躯体中的肌肉刺激、再到饥渴等我们人类肉体“强烈的欲望与本能”的上升过程（175，176）。这一思想在他后来的著名代表作《人类历史哲学观念》（*Ideen zur Philosophie der Geschichte der Menschheit*）中得到了特别清楚的表述，洪堡了解这些思想（但显然不太欣赏）。

对于刺激现象人们首先只能确定，但无法用机械方法进行解释。然后承认其不可解释性。由于这种现象不可避免地存在着，同时也需要对它进行适宜的讨论，所以建议采用一种人的类比，虽然无法解释和测度刺激现象，但至少可以帮助理解它。这种类比的根源是最符合人性的、我们最为了解的一种刺激，它在赫尔德（或传统的）自然等级排序中作为最高级的形式出现，因而对其他离我们较为遥远、也更为低级的刺激而言是个范式——这就是爱情。正是由于将爱情升格成为“最深层次的刺激”或“最强烈的饥渴”，对自然中产生新事物这种设想而言，刺激这个概念的意义才会完全明了：“两个人成双，在需求与欲望中感到合为一体；他们共同的情感躁动，整个机体力量之泉交融为一，第三个生命将从这两者中产生——在整个充满生命力的动物性的我的身上这是一种怎么样的刺激作用啊！……上帝创造的火花点燃了，将会出现一个新的生命，成为新感觉与新刺激的驱动力，第三颗心脏跳动了起来。”(176)

人们应该如何理解自然中产生新事物？——这在莱布尼茨看来是无法想象的。紧接着这个关键问题——无论怎样叹服赫尔德谋篇布局的禀赋也不为过——莱布尼茨的追随者赫尔德对当时援引莱布尼茨的经院派形而上学作了关键性的、最为中肯的、且讽刺尖刻的批判：“‘关于人类灵魂的源头’人们有过特别机械的梦幻，似乎它们真的是用胶和泥塑成。它们成形于月亮和灵魂的安睡之处，必定裸身寒冷，静候着为它们预定的套匣、时钟或衣裳，亦即那些尚未形成的肉体；现在外壳、衣裳、时钟都准备就绪，可怜的、长期闲散的居住者将被机械地放入，肉体的居住者不对肉体施加影响，而是与之预定和谐，它独自编织思想，如同在它曾经停留的地方，无论肉体的时钟（心脏）如何敲打。对这一系统的贫乏性我们无话可说。”（同上）

对这种文学方式表达的哲学批判需要注意以下几点：

一，批判的不是系统的不真实性，而是系统的贫乏性。——否则赫尔德又能从何了解“真实性”呢？

二，被批判的一开始就被称为梦幻，然后又进一步被勾勒成机械的梦幻。

三，需要关注的还有，赫尔德自己为这一包含了上述批判的论著起了一个小标题：评论与梦幻。世界智者是诗人、梦想者；可能借用了弗里德里希大选侯的话，赫尔德乐于称莱布尼茨是“单子诗的伟大发明家”（178）。

从对不真实性的批判转移到对贫乏性的批判，这是经过深思熟虑的且理由充分。在借用“充满刺激的火花”对自然“创造力”进行阐述之后，赫尔德对方法原则做了评论：“我并不是在此解释什么，我也并不熟悉解释力量的哲学”——康德也未这样做，他更多的是明确认为不可能作出这样一种解释，尽管他不得不设想所有物质的排斥力、甚至是在远处发挥作用的吸引力。“哲学以力量、刺激、作用为前提，它所做的，便是说明、整理、解释……那些告诉我力量为灵魂中何物以及力量如何在心灵中发挥作用的人，我也要向他们解释，力量如何在自身之外作用于其他心灵和肉体，自然界的肉体也许并未被那些将形而上学隔离成斗室的壁板与灵魂分离。”（177，178）如果我不得不假设我无法解释的内在力量，以确定自然中的某物并将之与其他事物相区别，那么，赫尔德论证道，假设与作用的多样性相对应的力量的多样性，这不仅是合理和符合目的的，而且也是必要的。对此，人们必须严格遵循经验。正如康德所要求的，人们不可随心所欲地臆造内在力量，而只能设想“那些……能够解释作用的力量”（基础；A 104）和只“来自作用”的力量（目的论判断力批判；A 129）。正是在康德《目的论判断力批判》（*Kritik der Teleologischen Urteilskraft*）一文所论述的意义上，赫尔德研究了自然史。但是他并不认可，从结果的可计算性这一角度只进行机械论证的自然科学要优先于从一开始就从目的论发问并带着批判反思态度的自然史。他更多的是从结果丰富性的视角来颠倒这个次序。尽管出于不同于康德的原由，但是赫尔德也坚决否定了经院派哲学的理性心理学，取而代之的是生理学倾向的心理学，通过尽可能广泛的历史研究来探究人究竟是什么。这些研究是历史的而非形而上的，因为这些我们假设能引发我们体验的内在力量是且一直是模糊的。它们的作用表现在我们的直接经验中，而我们所体验的也必定是一切认知的起点。我们不能阐明原因，这并不能被认为是缺陷。根据赫尔德的梦幻文章，在这里起支配作用的也是智慧且慈爱的自然之母。我们只能事后确定，这种慈爱对于我们来说是“有益于生命的”，尼采的这个术语恰好契合并阐明了赫尔德对人类本质的全面论述。“这很好”，赫尔德这样写道，“我们心灵的最深处笼罩着黑夜！……它处在深不见底的悬崖边缘而且对此全然不知；出于幸运的无知它反而变得坚定无疑。”（同上 185）

从生理学研究了解到的关于刺激的生命因果关系，现在通过类比拓展到了更为高级的心灵力量，传统心理学说能使我们且也让我们感受到这些力量，并将我们引向感觉、想象和思考。赫尔德认为，对心灵的生理条件与心灵中无形的思维这二者的极端隔离是违背自然且可以或缺的假说。与哈曼相同，他也反对这种观点，认为一个人的“知识”“表达”和“方式”，“他是诗人还是哲学家”，都取决于想象力（190）。他概括道：正如不同的刺激集结成一个感觉单位，不同感官持续流动的感觉汇集成想象力，思想、概念则塑造并构成了力量的多种形态。高一级单位尽管总是由先前的、未完全成形的东西形成，但同时高一级单位也在塑造它并使之成形。用赫尔德的原话，可以将心灵或其最高级的力量形象地称为“我们身上的思维主宰，对我们发号施令……有什么比让心灵来主宰肉体更为自然的？没有肉体心灵便不再成为心灵。”（192）更高一级单位的形成——这里再次借用了尼采的概念来阐明——仅仅只是一种“权力意志”的表达，也就是说，意志并不属于独立于它的表达的任何本体。新的生命、新的组织胜过原先已有的组织，并将其塑造成为一个更高级的单位，这个单位只能从新事物出发才能被理解，就好像其他的一切都是以新事物为目标，是为了它而创造的。

这样看来，思想既不能被理解成单纯自发的也不能被理解成单纯接受的。思想是反思：“心灵意识到它在感觉”（193）；“它必然需要刺激、感官、力量和机会，这些通过幸运的、天然的继承成为心灵的一部分”（194）。对赫尔德而言，思想的反思在某种程度上是对所有他之前论述部分的结语，它赋予力量以意义，使力量“人性化、善良且有益”，将它们看作是“心灵同一种能量和活力的表达”。如果心灵失去能量与活力、并由此失去了思考的力量，那么单个的局部力量也会退化，如同生命有机体，一旦生命消逝，机体便会消亡：“想象力变成幻觉，机智变得幼稚，记忆成为空洞，敏锐的洞察力乱作一团。”（196）

赫尔德的确非常认真地尝试用生理学来解释精神。他的核心思想是将生命的刺激看作源泉，这种刺激在一定程度上就是具有生命力的自然的初始现象。相对于简单地刺激，更高级的感官通过远程发挥作用和远程接受影响来凸显自己，并且借助特定的媒介。意识，心灵的最高力量或是有形自然的精华，需要一个这样的媒介，通过它意识得以唤醒、指引、确定和限制。这个媒介就是语言。

语言作为思维的媒介为人所熟悉。但它只是传递自我独立思想的媒介，用霍布斯（Hobbes）的观点来看，也许它还是记录和回忆思想内容的媒介，某种程度上也是思想的档案馆，如同文字是言词的档案馆一样。但这里所指的不限于此。显然赫尔德意识到了这个观点的新意——这个观点可能是他的师友哈曼启发他的——他写道：“（完全背离我先前的观点）我相信，我们的内在意识必定需要这样一记醒棍，犹如光之于眼，让其有所见；声之于耳，让其有所闻。”（197）只有通过来自外部的语言，我们自身的理性才得以苏醒。孩子“学语言就像他们学习观察一样，正是以此为基础学习思考”。由此赫尔德进一步推断道，认知并不仅仅“源自感觉”——如同他原先认为的那样，而且还必须“通过教会我们认知的暗示”（197、198）。这种对既有言语的依赖性，是对思维原本并非具有独立性的令人沮丧的认识，而这不是基于将理性监禁于身体之中的外部条件，而是基于理性本身、根据其自身本质，这一认识可以称为生理心理学的顶峰。赫尔德在这里完全从字面意义上来谈“理性的降生”，这“在我们的世界智者看来是如此不入流，以至于对它完全曲解，并将他们的理性尊崇为内在生长的、永恒的、独立可靠的预言”。赫尔德明白，人们无法对此进行争论。“让他们说吧、去朝拜他们的臆想吧：他们不知道他们的所为。”他用自己的信条归结了这一思想：“我已成为现在的我。我像一棵树木一样长大：种子已经存在，但空气、泥土及一切不为我控制的要素必须要发挥作用，才能形成幼芽、果实和树木。”（198）

赫尔德的论文在最后论述了意愿和认知的必然结果；二者只是“心灵的一种能量”（199）。因此二者不仅仅受到各自情况的制约，并从外部被唤醒、激励和引导，而且同时也是内在的、自为的和自由的。行动的自由甚至最终和真正解释了生命体对刺激作出反应这种无法解释的现象。没有一种刺激是必然的，即便它以常见的模式并借助习惯成为第二自然，即有生命力的自决的自然，因而似乎在以令人钦佩的、类似机械的规律性发挥作用。自由，如果想象它摆脱了这些束缚，便是一种空洞的思想。真正的自由是愿意受到挑战的，赫尔德写道：“实际上自由的第一颗种子就在这里：感觉到人的不自由，感觉到被什么枷锁所束缚。”（202）与哈曼观点一致并且反对启蒙主义的时代精神，赫尔德在这里援引了路德（Luther）的话：“上帝的精神所在，便是自由。”——这是赫尔德自然等级表的第五级与最后一级，其结构可以总结如下：

反抗所在，便是力量。
刺激回应所在，便是生命。
情感表达所在，便是感觉。
矛盾表现所在，便是思想。
上帝的精神所在，便是自由。

# 3 性别与天赋

如果说洪堡的人类学研究根植于上面所概述的近代自然哲学传统之中，尽管没有错，但也许还不够充分。我们有理由认为，他的思想完全从自然哲学的问题中发展而来。洪堡的思想尤其依托于生理学所激发的对机械因果关系主导理论的摒弃（赫尔德）和以先验论哲学为理据的对本体形而上学的抛弃（康德）。洪堡试图进一步确定作为生命体的自然的内在力量，以此来着手研究自然哲学的问题。他所采用的方法既不是那些职业哲学家（莱布尼茨、康德）所运用的概念逻辑分析，也不是哲学文人（卢梭、赫尔德）通常所运用的对起源理论的历史构建，而是如他自己所言是“比较人类学”的方法，或者类似于黑格尔，可以说是“自然现象学”的方法。如果能够广义地理解这个概念并将其局限于科学学科的范围之内，人类学便是时代的主题。

## 发表于《时序女神》的论文

洪堡探索生命力量的、也就是自然本身的内在组织原则，并不“自下”从有机体的简单刺激开始，而是“自上”从作为有机自然界最成熟的刺激形式——两性之爱开始的。他认为“性别差异”能够“最明显地体现”自然力量的“个体差异”。在讲到这一根本转变时，他补充道：“一切基于自然观察的研究，要在最显著的地方找到每一个要点，这关键是要找到一个好的研究方法。”（Nr. 3：I 400）。不久之后他一定会发现，他所采用的方法至少在这项研究中对读者提出了过高的要求。

洪堡十分倚重他的人类学思想基础。经深思熟虑之后，他将他的思想整理成文匿名发表在席勒主编的《时序女神》1795 年第一卷上，这是当时一本新的、高品位的文学月刊。论文题为《论性别差异及其对机体性质的影响》（*Über den Geschlechtsunterschied und dessen Einfluss auf die organische Natur*；GS；Ⅰ 311-334）——这个主题在后来他的代表作中发展为掷地有声的标题：《论人类语言构造的差异及其对人类精神发展的影响》（*Über die Verschiedenheiten des menschlichen Sprachbaus und ihren Einfluss auf die geistige Entwicklung des menschengeschlechts*）。然而该论文反响并不好——这个主题显得过于“有趣”，以至于没有脱离它所演示的事例。当然洪堡并不愿提及此事。

纵观近两百年的历史以及回望前一章所简要介绍的自然哲学的传统，较之康德和其他洪堡的同代人，现今的人们也许能更好地“破解”洪堡这部重要著作的意义。这部著作试图通过确定两性的差异来描述“男性”与“女性”力量的特点。为此洪堡运用了一系列该领域常用的概念对。如果人们只关注这些对于我们而言变得有些陌生或者甚至很不体面的区分，就不能对他的主要思想进行正确的评价。因为该著作的思想并不体现在那些引导时人看法并且传递主流偏见的论断和论断的归属倾向本身。洪堡提及这些论断，只是为了让人理解自己的思想，一如他在关于这一主题的第二篇文章中[《论男女形态》,《时序女神》(1795)：GS；Ⅰ 335-369]以希腊诸神为出发点，以便与那些跟他一样非常熟悉奥林匹斯世界的读者对话并赢得他们。两篇文章的思想体现在他对既有论断与人物形象独到且客观的解读与评价中。洪堡的主要思想可概括为七点介绍如下。

一，对性别概念的概括。文章开篇批判了当时流行的狭隘观点，认为性别的差异只是人类繁衍的必要途径，除此之外并无其他意义。通过暗示康德有关人的社会属性的“对抗”论述（《关于一种世界公民观点的普遍历史的理念》第四章）并将其拓展到整个自然界，洪堡对这种观点进行了反驳：“如果没有两性区别，自然便不再是自然，它的齿轮将会停止运行，如果无聊且虚乏的同一性替代了性别差异，那么连接所有生命的列车以及需要个体用各自特有的能力来武装自己的斗争也会停止。”（GS；Ⅰ 311）这里所提到的无聊是逻辑概念。一个臆想出来的无性别差异的自然本身是没有动力的。如果没有特定的性别对立，我们只会看到漫无目标的运动，没有行动，没有生成。就自然这个概念而言并没有产生什么新意。

如果我们不能再将自然理解为自发主动的，那么也就无法用性别的概念去解释自然。在这种情况下，根据知性对外部的分类，能够自我组织的自然只不过是沉寂的物质。如此，自然也就可以认为是从外部来确定的。自然作为由没有力量的部件所组成的机械装置，它的部件一旦受到推动就会惯性地保持传播给它们的运动状态。但是，如果这样就无法理解，没有动力的结构体究竟如何接收和接受传动，如何能够遭遇外界的阻力——简而言之，差异，确切地说是对立，是自然界运动的普遍原则。

二，对立体的形成与结合。一方面（根据莱布尼茨的同一性原则），自然中的一切事物、所有现实个体都是不同的（同一性只存在于数学中）；另一方面，自然中又没有两种事物从个体来看是对立的。不同之物要从高一级单位来观察才能成为对立物，作为高一级单位的种属，个体才会体验到自己的片面、感知自己的对立面。在个性化力量的作用下形成片面性，个体就有克服自身个体性的急迫感，产生了相互结合或者形成多样性的需求。构成对立力量的这种对抗恰恰包含了“性别概念自身固有的特征”。因而“完全从一般意义上”理解，洪堡对性别概念的定义“就是不同力量所固有的异质性，因此它们必须结合才能形成一个整体，它们彼此需求，通过相互作用真正实现整体”（GS；Ⅰ 312）。在其他事物的多样性中进行区分而形成对立，在这里被看成是自然中一切具体运动或是现实力量具体行为的源泉。在语言哲学中，它以“对‘你’

进行选择的自发性”再次出现（参见第五章，4“人际关系”），并成为一种冲破了自我与非我之间矛盾坚壳的思想。

三，哲学问题领域。“只要闯入这神圣的混沌中，人类精神就会对这无数力量所产生的魔力感到惊奇与困惑。”（GS；Ⅰ 312）众所周知的是，哲学始于惊奇。亚里士多德惊讶于现实中的无理数和概念上却难以证实的这种荒谬性，洪堡惊讶于自然中对立物的形成与结合，没有任何地方能像性别差异那样将这种对立展露无遗。因此，关于“形成”的问题，确切地说是关于自然中新事物的出现问题，或者一般而言关于事物产生的问题，成为了哲学研究兴趣的焦点。不再是用概念进行计算的数学家（如霍布斯、莱布尼茨），而是善于观察的医生成为了典范。或者，正如赫尔德所言，“自然之学生”便是“哲学家之老师”（观念；Ⅶ 3）。因此，探索性别差异的问题最后成为哲学的基本问题。因为借此人们期望可以洞悉“生命的内在属性”。

如果内、外因都被认为是起作用的（这是采用了赫尔德所提出的前提），那么自然事件中二者（内外因）各自所占比例无法界定。但是两性的结合，是对两个生命具体对立的克服，完全源自“生命的内在属性”。因为“彼此结合的生命在本性上有结合的需求”（GS；Ⅰ 313）。通过结合来消除对立，从中显示出双方各自的本原状态，因为一方在另一方那里感受并造就出具有自身同样特性的生命。如果真的可能，个体就能通过这种方式在其他一个个体身上“发现”自己“被隐藏的个性”（同上）。

性别差异成为自然界所有差异的模式，根据认知力量被调节的程度，可以相应程度地认识自然的差异。精神将知性活动与想象活动联结起来，由此，它学会了将“事物的感官形态”用作反映事物“内在属性”的“镜子”。这尤其适用于那些与之相近的事物，而且特别是对于人而言，正如同声相应、同气相求的古老原则。如果赫尔德谈到的是心灵的“符号学”（观念；Ⅶ 4），那么洪堡在这里则指明了“明白无误的文字”，肉体借此展现了人的道德本性。该原则表现出洪堡对前逻辑或非逻辑二元论的质疑，因为“不可否认的是，物理自然只是体现道德自然的一个巨大整体，两者中的现象只服从同样的规律”（GS；Ⅰ 314）。康德的追随者洪堡，在同样的情景中谈到过“这两个截然不同的王国”（同上）。因为他知道，从更深层次的单位或是二者“同源”的角度看，即便是这最后的对立也只能是假想的一种对立。

四，对立体的相互作用和相对性。洪堡通过熟悉的概念对，如形态与材料、单位与内容、知性与想象、能量与存在，进一步阐述了性别之间互为确定和互为补充的差异。这种概念对的主要特征是，其中一方依赖于与之相对的另一方才得以存在。尽管类别由单方面决定，但是由于每一个个体又是一个独立的整体，它必然是对立的统一体。即便是一种力量占据上风，另一种力量也不能或缺。“作用与反作用”必定处处相互伴随（GS；Ⅰ 319）。

洪堡继续写道，“自然的神秘性仅仅建立在相互作用的基础上”（GS；Ⅰ 312）。但这种相互作用并未以同样的方式发生在所有的力量之间（吸引与排斥），而是用特有的方式让力量彼此吸引和排斥。如果“丰盈的内容”足以形成一个“新单位”，就会被吸引，而且以这种方式，亦即被联结在一起的“又成为一个更大整体的一部分”。先前是形式，现在成为了材料；先前是整体，现在成为部分；没有什么是“单纯去塑造和被塑造的”（同上）。洪堡在各个层面、在“存在黄金链”的所有圈环上都看到了这种相互作用：作为在无机自然中抽象和普遍存在的吸引力与排斥力，作为化学界的亲和现象，作为植物界的同化现象，作为情感世界的繁衍现象——最终是自由创造，作为道德世界的认识和认同（参见314，315）。

五，创生分析。每一种作用都有两个原因，先前被作为内因（天性）和外因（形势）加以区分。与之对应，洪堡认为，“每一种创生都是两种不同原则的结合，一种原则倾向施为，另一种原则倾向承受，人们称之为创生原则（从词的狭义上理解）与接受原则”（GS；I 316）。创生源于这两者在创生体中的协调，因而必须区分这两种原则。创生要求有“双重的、作用与反作用的协作，而这两者不可能同时存在于同一种力量之中。性别的差异由此产生”（319）。

用上文提到的传统概念对，洪堡接下来详细描述了男性力量与女性力量。对此洪堡并不打算提出新的东西，只是想用优美的方式来表达为人所熟悉的思想（但是洪堡没有做到这一点，因为言辞必须以其所追求的认同为前提）。更为重要的是下面的附加语，这些话从逻辑上来看是不言自明的，但也许并不广为人知：“然而（力量的）差异只存在于方向上，而非能力上。因为一个生命的施为力是怎么样的，那么他的承受力也便这样，反之亦然……在没有深入证明的情况下，我们在人的身上总是看到彼此对应的自为性和接受性。”（319，320）在自然的平常事件中，那种内在力量与外在形势之间的相互作用，在两性的结合中被锐化成两种同类的、彼此找寻的、在瞬间的调和中完全对应的力量之间的对抗。从这种结合中产生了同类新事物，生命得以持续与繁衍。这种创生是有限的生命对抗有限性和局限性的良方：“美好中的诞生”是爱神厄洛斯（Eros）不断更新的永恒事业，这个古希腊神话中的爱神是个魔鬼般的中介者，具有匮乏与过剩、渴求与满足的双重性，一切有生之物通过他来追求永生——正如狄奥提玛（Diotima）对情爱大师、年轻的苏格拉底所教诲的。

洪堡传承了 18 世纪自然哲学的精神，并将他所了解的这份宝贵思想拓展到自然力量的整个“齿轮组”上：“自然用有限的资源追求无限的目标，将其大厦建立在力量之间的抗争基础上。”（GS；I 322）与柏拉图相反，洪堡在对抗中找到了“乐趣”，他发掘力量的“不同”而且并不苛求去克服它，拒绝柏拉图在美好的永恒宁静中救赎思想的那种理想。然而洪堡的终极目标与柏拉图是相同的：（有爱的）生命对能引起消亡、衰落与遗忘的时间的抗争（参见同上 49）。因为“自然的追求”从一般意义上讲“是无限”的（311），因而“一切受限之物”，一切自然之物，从个体来看都将走向“毁灭”（322）。死寂的物质排斥其他物质而占据了空间，而生命的延续和发展必然以其他生命为代价。只有两性的结合，才将两者之间你死我活的斗争关系转变成彼此的相得益彰，并在一种新的独立力量生成中实现自我。

个体并非如柏拉图所言，通过克服自我的（同时也是他者的）单一性来追求升华，当然，柏拉图也知道这种个体追求是对神灵的亵渎。个体是在相互的遭遇中来实现升华的。如果力量的差异是这种遭遇的前提，那么双方之间的势均力敌便不再无足轻重。差异并不是一个程度问题，而是种类、特征或方向方面的问题（GS；I 320，325）。“二者，创生与接纳，源于‘给予’与‘接受’”（325）。对每一方而言都是接受性与自发性的结合，“差异只存在于二者相互协调的方式上”(329)。洪堡沿袭传统来描写二者的协调关系，避免区分等级，并强调二者各自所表露的本性。因此洪堡不谈施为与受为，而是谈作用与反作用(319)；自为性与接受性都是生成之力。概念对，如形式与物质、统一性与多样性、力与量，使人想到一切原因都有两面性，可分为内在本质与外在情况。心灵与肉体、理性与想象都是为人所熟悉的男女形态差异的类比，然而洪堡明确将二者的传统从属关系重新解读为一种能动的相互作用。

双方之间势均力敌的关系鲜明地体现为分离与结合这对概念（326-328），以此来描述柏拉图所认为的共同构建思维逻辑本质的两种活动。“因为两种性别各有所长，所以通过相互作用共同展现自然的神奇统一，同时这种统一既能将整体连接得紧密无间，还能展现完美塑造的个体。”（GS；I 327，328）。如果没有借鉴，洪堡可能会用光与热这对在他看来富有特点的概念来描写性别差异 [327；参见特拉班特

（J. Trabant）；Nr. 91：15-17]。

六，自然中新事物的产生。“创生意味着出现前所未有的东西。如同创造，创生会带来新的存在，通过推陈出新与旧有事物相区分”（GS；Ⅰ 315）。根据这种鲜明的类比，自然中的创生便是创造，但并非从无到有而是源自大量的既有事物。因为每一个现有的材料都是成形的，只有成形之物才能成为新形式的材料。地球上的创生因而是一种形变：“转换”，正如莱布尼茨所言；这并不是同样事物的再塑造，而是形成一种别的事物、新的事物，一种“生命的独立力量”（同上）。——但是关于“形成”的说法还不能充分表达双方的异质性和独立性。因而洪堡还用到了一个新的术语：“正如创生对被创物而言是唤醒，对创生者而言只是一个瞬间协调”（316）：协调与唤醒，正如哈曼所言，创造是“造物对造物的谈话”。

要着重阐明的是，创生本身不是机械的塑造，因此也不可事先计算；没有一种“智慧”能够“预设”创生的途径（GS；Ⅰ 316）。换句话说，想象一种引起一切的第一原因或是一个预知一切的造物主似乎不仅不再是必要的，而且相反是一个不理性的自相矛盾的假设。哲学家的上帝已经（再一次）改变了模样；他变得更加人性了。

七，精神的创生力。将物理自然类比成能够洞见“感官世界中最精致和最终的结果”的道德自然，洪堡认为这个类比也可用到新事物的创生上：“精神的创生力便是天赋。”（GS；Ⅰ 316）在精神的创造活动中，自为性与接受性“二者是同样活跃的”，天赋能够“意识到的，便是将这两种不同的本性结合在一起”（317）。天赋所造就的，洪堡继续论述道，“类似于一个拥有自身有机生命的独立体”。但它并不是自然生命，因为如果它是新事物，便不属于已知的种类，不与现实的事物同类，并不遵从既有的规则。洪堡在这里追随了康德对天赋的论述（判断力批判；§46），他补充道：“它用天性来制定规则。”当它获得认可时，当它能够用规则来“推动其实践”时，便做到了这一点。“因为天赋所取得的任何成果反过来会进一步激发天赋，从而使其不断延续”（GS；Ⅰ 317）。如果天赋没有做到这一点，那么人们可以这样解释，它的成果并非独创，而是“独特的胡闹”（《判断力批判》；§46）——是无法理解的，不现实的。换句话说，在精神的国度里，新事物的现实性在于对他人而言的可理解性。以此可以来判定被造物当真为某物还是仅仅为虚无。

## 比较人类学

文章的结束语写道：“早在希腊人的时代就存在治理混乱的惩戒性智慧意识，自然听从与此相同的神性。”（GS；Ⅰ 334）爱神厄洛斯是现实运动的来源和最终思想的原则。正是柏拉图式的厄洛斯，使得洪堡在对美的热爱中意识到自然中诗的力量，当然这里的厄洛斯是现代的、批判性的，倘若他不被理解成对同类的爱、不是渴求永恒中的宁静，而是对异类的爱，这种爱在众多的有限个体形态中得以实现。这种爱欲可以看成是洪堡作品中突显的内容，贯穿于这位批判性柏拉图派哲学家的所有作品中，它指出并阐明了洪堡从自然史、政治史再到美学，最后到语言哲学的道路。从这个意义上说，洪堡在《时序女神》上发表的第一篇文章实际上是理解其思想的关键文章。在这篇文章中他所专门论及的，都隐现于其他所有地方。

读者的批判式反应似乎使得洪堡没有进一步深入研究这一主题。后来他转向了一门他称之为新兴和广博的科学——比较人类学。依据比较解剖学所取得的研究成果，他认为比较人类学应该研究“不同人种的道德特性”，该学科“假设人作为生物类别的特性为人所知晓”，因而“只是寻找其个体差异”（GS；Ⅰ 377）。关于特征与特征差异，在上文（第三章，1）述及的《十八世纪》中进行了非常详细的介绍。这部作品规划宏大，但本身可能只是人类学零星的一部分。他在 1793 年 12 月写给友人布林克曼的信中所言和这部未完之作的内容，可能是洪堡对赫尔德《观念》所作出的回应。赫尔德的这些思想在他看来一方面过于哲学或者过于思辨，也就是经验基础显得不足；另一方面它们在思想理论上又非常符合他自己的想法。他未出版的《比较人类学规划》（*Plan einer vergleichenden Anthropologie*；1795 或 1797）八个部分中仅仅最后也是篇幅最长的一个部分内容新颖且特点鲜明，其标题是“作为比较人类学思想基础的首要事实”。该事实便是“性别差异”（GS；Ⅰ 400）。所有先前所列举的表现特征差异的符号——当时（直到 1800 年）对洪堡而言除了身体结构、举止、形态、面相、步态以及手势之外，还有语言（参见 399）——还不足以认识到“这些特征差异是否不再只源自外部形势或情况的不同，而同时也是因为某种内在的特征形式”（400）。然而性别差异表明了一种自然的特征差异，较之其他符号使内在本质更加显而易见。“因而，在谈到个体差异的地方，可以同样使用性别差异的模型，将方式、产生、发展和特性彼此之间的以及和种族之间的关系最明显地表现出来。”（同上）

尝试将厄洛斯概括成物质自然与道德自然的动机，并非只有洪堡一人，虽然哲学史常常忽略洪堡的哲学思想。最后借用来自赫尔德《观念》的一段引言作为佐证，这段引言简明地总结了洪堡这种尝试的基本思想：“如同人类一样，艺术起源于片刻的欢娱，是思想与符号，精神与肉体的结合。”（《观念》；Ⅸ，3）

# 第四章　艺术

## 1　美的感受

席勒在写给当时生活在巴黎的友人洪堡的一封长信中，对洪堡的《美学尝试——论歌德的〈赫尔曼与窦绿苔〉》（*Ästhetische Versuche – Über Göthes Herrmann und Dorothea*）一书做出了如下回应："您一定会研究和利用到……我们新的艺术形而上学者（的一些观点），可是您恐怕不会认可他们的知识来源。事实上，您为他们中的很多人做了铺垫工作并（为他们）提供了具有决定性影响的范例。"（席勒信件；Nr. 16：II 163）。席勒在 1798 年 6 月作出的这一推测，准确地预言了一年后才出版的洪堡作品所产生的影响。这部作品很少被人提及，更鲜获赏识。然而，从谢林到浪漫主义的文艺理论，从斯塔尔夫人（Mme de Stael）到法国象征主义，从古斯塔夫·格贝尔（Gustav Gerber）到青年尼采，都可以追寻到它间接的影响。洪堡写作不为产生广泛影响，而是为了自我塑造。因为"美的尝试"最直接、最深刻或许也是最重要的影响恰恰体现在自己的思维方式上。洪堡后来的语言哲学（正是）以这时发展起来的基本概念为基础的。直到 20 世纪哲学的所谓语言学转向之后，人们才开始认识到洪堡的理论基于美学的语言反思所产生的哲学影响并给予它应有的评价。

从青年时代起，洪堡就对美学问题进行研究。早在他和歌德、席勒交流想法以及康德的《判断力批判》出版之前，他就曾以"美的感受"（Ästhetisches Gefühl）这个概念，试图描述一个人内心的某种东西——

这种东西构成一个人除了感性和智性以外的“第三种本性”，也就是“连接这两种本性的一种关系，它使人的感性和智性得到统一”。洪堡认为，这种感受描述了一种“把感官世界看作非感官世界的符号和为非感官的对象提供感官图像的外壳”的能力。（《论宗教》，1789；GS；I 56）。这种统一该如何达成，以及如何去理解它，（在当时）都还完全不清楚。

直到洪堡深入而富有成效地研究了康德美学后，他才厘清了感性和智性的联系问题。这在洪堡写给克里斯蒂安·哥特弗雷德·科尔纳（Christian Gottfried Körner）的几封信中已有显现，他是席勒的一位来自德累斯顿的朋友，虽自认为是康德主义者，却仍在艺术中寻找关于美的客观规则。和他们之前的谈话一样，这些信件的内容也都与美学观念有关，以确定“美”这个概念。《判断力批判》构成了双方都认可的讨论基础。由此，“美”并不能被确定为物体的（客观）属性，而只能作为（主观）“美的感受”被感觉到（致科尔纳，Nr. 15：2，3）。

可是美的感受是如何产生的呢？尽管在康德看来美的感受并非由概念“激发”，可是概念仍然发挥了作用。关于这一点，洪堡有过很客观的表述。他说，和美的感受“一道”，心灵中的概念“变得活跃”。然而，关键的是，并非是物体“创造”了这些概念，而是“引发”了它们、使之“变得活跃（如果我可以这么说的话）”（2）。根据康德的思想，美的感受既不是“理论的也不是实践的理性作用，而更多的是所有理性能力的共同作用，究其竟，它将所有的人性力量统一成为整体”。（3）正是这一点对洪堡有着特别的意义。

在进一步确定美的感受的过程中，洪堡走出了超越康德范式的重要一步。从某种程度上说，他推动了美学判断和经验判断之间的区分。洪堡认为：“美感尽管并非源自概念，但是仍然可以在概念中获得发展，正是在这一点上我对康德的思想体系存疑，因为它连这一点也不允许。”（11）根据洪堡的观点，“美”并不是一种浑然天成、保持不变、“离

在耶拿席勒家的庭院里，威廉·林登施密特（Wilhelm Lindenschmidt，1829 – 1855）绘。这个可能是虚构的场景发生在1797年春，生动展现了那段岁月的真实谈话：坐在前排的女性，左起：2. 卡洛琳娜·冯·沃尔措根，原姓冯·棱格菲尔德，离婚时叫冯·博伊维茨，旁边是她的姐妹夏洛特·席勒，原名冯·棱格菲尔德，4. 赫尔德，6. 卡洛琳娜·冯·洪堡；右边是席勒在朗诵；后排站立者，左起：歌德、维兰特和洪堡兄弟。

开概念也普遍让人喜欢的”特质（《判断力批判》；§9）。因为如果这样，美的感受事后不可能在概念中得以发展，以至于人们不得不止步于对“美”的无言惊叹。洪堡认为，称得上“美”的其实是这样一种东西，虽然它还无需概念，可是已经要求普遍性，哪怕只是作为对“必然好感”对象的一种主观普遍性（《判断力批判》；§22）。

然而，洪堡并不止步于对康德关于美学判断和经验判断之间的区分起到推动作用。1794 年 3 月 28 日，洪堡在给科尔纳的一封信中——这也是和科尔纳就美学问题进行讨论的最后和最长的一封信，进一步赞同对方的观点，在某一点上坚定地超越了康德的立场：“我坚信，在通过主观特征确定美和通过客观特征确定美之间，一定有一条路。否则所有艺术理论和艺术批评都将不复存在。但是，准确无误地找到这条路，或者更确切地说，开辟这条路，我认为其实是美学最大的困难。在这方面，康德甚至都没有做过尝试，而是几乎用一种在我看来未必符合他体系的方式摒弃了进行尝试的可能性。”（14）

事物是如何在观察者那里引发好感，进而形成“美感”的呢？起初，洪堡的回答无非是客观地表述了具有主观性的美感：美是指对一个非感性观念进行了感性的表达，同时还不一定能够理解这样的一种表达方式。

对这些泛泛而述还需要进一步加以解释。对非感官想法的美好表达“既不可能是描摹的，也不可能是习惯的、类比的”（11）。描摹的表达只适用于经验性物体。观念没有映像，因为没有衡量二者相似度的标准。相反，习惯表达和比喻虽然能表达观念，却只能表达既有的观念。从莱布尼茨和康德的观点看，这种表达通过追求“对已有东西的模仿”（17）而富有“特点”。为了区分美，洪堡在这里使用了一个有名的比喻——给待表达的内容披上表达的外衣：“特性，是将非感性的观念包裹在可感知的形态中；美，是将非感性的观念转变成了可感知的形态。”（16）

对这种表述方式洪堡还不甚满意。此后不久，洪堡发现了——用他自己的话说——对客观确定主观美感的最贴切的表述："这里所表达的，并不以刻意追求对已有事物的模仿为前提，而是两个互相独立且并不互相找寻、而是自愿遭遇的本质的汇聚。这是……形式的自我表达。正是从形式那里所有概念和观念才获得了存在。"

在这点上，洪堡在写给科尔纳信件中的思想已经趋于成熟，可总结如下：如果观念先行于其表现，这不是美。因为如果这样的话，作为观念外显形式的表达就无足轻重，这种表达最多只对其他目的有益。康德也许会承认，对一个既定观念的表达并非天才创举，而只是模仿，缺乏真正艺术品的神秘诱惑。可感知的事物只有通过表达观念才是美的表现，而观念在美的表现之前或之外并不存在。各种无概念而存在的感官印象，只有当在其中观察到非感性观念的表现时，才会获得意义。简而言之，美的表现是产生概念的瞬间。

观念和概念只有通过它们最初的表现才能存在。这一想法可能是通过哈曼和赫尔德获得的启发；但是当洪堡 1794 年写下它时，这一观点在当时却还显得不同寻常。直到后来通过谢林的艺术哲学（1800）和再后来黑格尔的美学课程（自 1817 年），这一观点才为人熟知并广为流行。

## 2　艺术与认识

### 美学探索

上文简述了洪堡 1793 年至 1794 年间写给科尔纳的书信中对美的概念的界定，因为人们在此能够观察到洪堡对艺术产生过程中相关问题的看法。对（同时代和历史上的）作品、艺术家、艺术类型和艺术阶段的艺术评论，有的成为小论文并发表，可以在他 18 世纪 90 年代的大量书信中找到。而洪堡关于美学的主要著作，名为《美学尝试——论歌德的〈赫尔曼与窦绿苔〉》（1799年发表于布伦瑞克，菲韦格；GS；II 113-319），是唯一一部由洪堡自己出版的著作。这部著作在很多方面都富有特色，以下列出两点：

一方面，正如标题所示，这是对一部艺术作品的评论；另一方面，它涉及的范围不仅比被评论的作品更为广泛，而且还超出了评论通常的界限：洪堡在此书中，发展了自己有关史诗和普通艺术种类的理论，并以对“艺术本质”及其对“人类精神”（导论；II 116，117）的根本反思开篇。尽管正是这些段落体现了该著作持久的价值，但读者对该书无视文学常规和读者期待而感到恼怒，也不再接受这些思想，因为假如该著作换一个书名，这些思想也许有可能从根本上改变传统艺术评论的先决条件。

另一方面，从这部著作超越通常学科界限的形式中可以清晰地看到，洪堡的美学从别处来，又到别处去：它来自（形而上学的）自然哲学（参见前一章）又指向（形而上学的）语言哲学（参见下一章）。它是洪堡思想历程中的一个阶段，是重要而富有影响的一段插曲，并与他伟大的诗人朋友歌德和席勒密不可分；从批判的角度讲也和敌视洪堡的浪漫主义者紧密相连，他们给予“美学尝试”以尖锐的嘲讽（参见施莱格；著作8，40）。

洪堡通过一部无疑是深思熟虑挑选出的个人作品阐明其普遍的美学思想，这有哲学方面的原因。（艺术）类型对他来说并不是预先确定的，格律诗不仅不适合对艺术家进行指导，也不适于做评论家的标准，因为它已经过时。而洪堡的艺术观察则与之相反，是纯哲学的，从不追求实践—规范目标。

在对艺术和艺术种类的划分方面，洪堡以此为己任，在单个作品中分析它的类型：探究作品属于什么类型；同样，在单个作品中发掘艺术家：找到创造作品的力量。这样，从分析个人的艺术作品出发，勾勒出一条路径，最终能够“在人类可能的禀赋和经验的真正多样性中，描述人类的禀赋特性”（117、118）。这条路径经历了诗歌和艺术这些中间阶段。在这一时期，洪堡还只是将语言看作是具有矛盾调和力量的诗歌的对立面，语言被片面地归入智性（参见GS；Ⅱ 143，144；158，159）。

## 艺术概念

根据亚里士多德，艺术本身由其目的所决定：“所有艺术最普遍的任务是，将现实转化为图像”（GS；Ⅱ 126）。洪堡在这里按照他所熟悉的含义使用现实这个概念，以描述时空中受到限制的与施加限制的事物的存在。从这个意义上讲，现实的特点是“每个现象都单独存在，不作为因或果依赖于其他现象”（128）。这种现实通过艺术成为图像。这会意味着什么呢？下面分四个步骤来论述这个问题。

一，将客体事物从“现实王国”转化到“想象王国”（128）。由此，它们被“置于一个其他的领域”（126），置于“可能的领域”，在这个领域中没有任何事物是孤立的，所有事物都“通过依赖于其他事物”或者作为一个“有组织的整体”的一部分（128、129）而存在。因此，艺术的官能不是用来区分事物的智性，而是将一切关联起来的想象力。因此，按照其“客观的”定义，艺术是“借助想象力对自然的描绘”（133）。

二，艺术将现实“理想化”（128）；艺术作品超越自身，变有限为无限。用谢林晚期的话来说，艺术作品“好像含有无尽的意图，能够得以无尽的解释”（WW；Ⅰ 3，620）。在艺术作品中，单个的、分离的和确定的东西结合成一个包罗万象的“统一体”。每一个艺术作品，都是在个体中将这样的一个“整体”作为一个“世界”来诠释。艺术家将我们置身于一个“地域，在这里每一点都是整体的中心，因而这个整体是无边无尽的”（GS；Ⅱ 136）。这种思想源于注释学的传统：“上帝是无限的球：它的中心无处不在，无边无际”，正如《二十四哲学家之书》（*Liber XXIV philosophorum*）所言（C. 鲍姆克编著，1913；208）。这是个体的视角，赋予了想象力的客体以一个世界的统一和全部。因此，认识的彻底性绝不是要求整体，而主要是针对个体。

三，所要求的“转化”，如该词本身所表明的，并不是从无形中的创造。它以“现实”为出发点，也就是从业已存在的事物出发。这样，它就与经验和经验的规律性相联系，尽管作为“纯粹想象力的作品”，艺术作品“完全与自然法则和我们的性情一致”（130）。艺术作品的规律性便在于它的可理解性，这种可理解性植根于“诗人可能自己都不理解而评论家可能永远无法表达的”“某些东西”（132）。

四，现实是刺激，是推动，是出发点。对于现实的刺激，艺术家的反应是让“自然自为地转化”为图像（133）。这个已成为现实的作品，反过来只能对其他事物起到启发作用，而没有决定作用。艺术家从来不能将其对事物的（新的）见解转嫁给其他的主体。他并不“传递信息”。他只能间接地借助作品来尝试调节观察者的情趣，使观察者“纯粹从自身出发”重制一个相应的观点（128）。如果艺术家的工作从本质上讲是“一种生动的传达”，这也只能由此而实现，即“他让自己想象力的火花涌入他人的想象力之中，并且不是直接的，而是将它注入一个自己以外的客体之中”（132）。如果不再通过客体传达，那么这种传达就要借助每个被说出来的和被理解的词语，然而这种观点需要一个新的、通过艺术哲学传达的语言概念和一个有关现实性的新概念。

## 现实概念

现在提出了一个问题，由艺术转化成典范的现实究竟是什么？首先，现实是艺术家与已有事物所建立的联系。因此，从绝对意义上讲，它并不是本原的，或者较之艺术家由此创作的作品而言是完全不同的种类。洪堡的美学在哲学上引人注意的是，它用想象王国重新确立现实王国。对我们来说，每种现实都有其历史，或者换句话说：所有的现实曾经都是一个画面。在美学中只能含蓄地找到这种思想。洪堡在这里明确提出的主要是艺术与现实性之间的对立。艺术作为批判限制性形而上学的避难所、作为跟现实对立的“观念的国度”出现（128）。然而克服这种对立的途径已经得以预设：现实被定义为想象国度的实际界限，就像莱布尼茨——从上帝的角度——将其看作是所有可想象世界的最佳边界值。无论如何，在美学中已经明确，自然认识和艺术创造不是对待世界的两种截然不同的方式。从本质上讲，它们更多的是“动态地”相互关联，就像洪堡给科尔纳的书信中所论述的那样。而这种关系，便体现了洪堡思想的哲学意义。下面对此作一些解释。

所感知到的丰富多样的事物，或者也可以称为所有认识的纯粹物质，是完全浑沌的。因此，不能真正称之为“丰富多样的”，而且也不是真实的“感知”：它是印象的混杂，无法形成认识。这种浑沌的自然对于意识来说并不是现实存在，而只是现实的一个边缘概念，因为它不发挥作用以便能以某种方式被感知。这样的自然不存在对立面，无法将其区分。

意识为这种混沌带来了光芒，它对感觉的多样性进行直观的区分。但是感觉的总和还不足以构成现实的概念。自然还完全没有得以确定，只是将其区分为感觉的自然与意识的自然。自然是一种材料，从中塑造了想象力，它是“现实”，通过艺术转化为图像。

现在，我们发现从未直面自然本身，而只是面对它的图像或者作为这幅图像的衍生物而存在的现实。自然作为一股感觉流，正是我们的出发点，因为我们的自我意识在那里觉醒；而我们在自我意识中总是超越了意识的自然状态。只有神话式的想象允许勾画出掌握语言之前童年的人和其他生物。然而这样的图像总是意图说明，它只是一种易于理解的对自然的重构。

根据第一种现实概念，现实原则上应该先于富有创造性的想象力而存在，而这个概念被证明是虚构的，因为它本身是想象力的产物。第二种概念，即真正的现实性则是对艺术灵感进行凝练的典范，是想象力产物的衍生。我们所处的现实，是一幅人们所认可的、经受过检验的、可理解的世界图景。

对现实性的理解过程不会完结。这个图像总是需要新的印证，从而不知不觉地被不断修正。因此，现实性就是对构成我们生活的、意识中尚未明确的自然持续且不断调整的客体化，是对我们所生活的自然的主流看法。这种主流看法是对事物的真实表达。它是当下出现的事实，个体的自我意识通过经验的积累在这里出现和形成。

这种事实是真正的现实王国，艺术家将其升华到想象的王国，来摆脱存在之物的坚硬桎梏。面对事实的绝对性要求，他退回到可能的领域；人们给予他这种退守的特权，希望他能为所有人发现一个新的或许是更美好的现实。

真正的艺术家能够促使我们的见解得到明显的拓展，而这并不多见。然而，洪堡的艺术哲学明确指出，将个体灵感普遍化的这种能力是非常必要的。一个人若有理由被称为艺术天才，仅仅自己对事物拥有新见解是不够的。他的见解必须表达出来，并被人所理解。只有这样，他的见解才获得了意义；只有这样，个人的创作才成为一部重要的艺术作品。就像在天才的创作中，自为性和接受性需要和谐地共同发挥作用，这两种力量也必须在赋予典型作品以客观适用性的过程中发挥同样的作用。如果不能被别人、以他们自己的方式、按照他们自己的感觉进行重构，那么想象力的产物就会是无关紧要的消遣之物。灵感在本质上是碎片式的，只有通过在别人那里获得共鸣才能成为一个真正的整体，才能获得客观的适用性。

被定义为艺术衍生物的现实性，其创作并不仅仅由创造性天才来实现；同样重要的还有那些参与其中的人，他们承认独创性的构思是以其他方式表达的某种观念，并将其从游戏般的想象王国引入具有普遍约束力的现实王国之中。或者，从艺术哲学的意义上讲，所有人都是艺术家，都参与了对艺术灵感进行创造性解释的这一持续的过程之中。艺术家能够对起初并不明确、但对他们而言非常清晰的事物做出明确的表达——因为他们能够对图像作出判断，并对他们所判断的事物有明确的概念。

如果现实被看作源自艺术，是艺术的产物，那么这个解释过程就是现实。而现实如果一直被看作艺术的对立面，那么它所表明的自然，在智性的普遍法则下、依据主流的经验概念、以特定的方式早已得到了解释。作为这样一种对世界普遍且具有约束力的解释，它对于有创造力的艺术家来说是已然成型的物质，需要对其进行重构。这种成型的现实是明确的且业已存在的立足点，如果艺术家想要表达一些新的东西，必须与之相联系。如果想让他的表达具有意义，他就不能脱离既有的前后关系。从这个意义上讲，现实是每一个艺术表达的前提；它从来不是完全不确定的——就像那股虚构的感觉流——但它在艺术家的眼中不够明确，因此需要重新加以确定。

洪堡从未撰写他曾宣布的《美学尝试》的第二部分，不仅是因为他在第一部分的引言中承认，他关于“普适性艺术哲学的基本原则”的观念“总库”已经写入了第一部分（122）。更为重要的是，一旦他找到了似乎适合自己的道路，能够在人身上研究“人的才智所追求的最后一个目标”，他便不能不再走上这条道路。以艺术为例（且有充分理由以之为例），洪堡由此开始研究作为所有人类表达方式基础的精神的语言性。因为只有以语言对世界的阐释为出发点，人类才能将源自其想象力的创作理解为艺术，也就是说，理解为某种新的事物，这种事物——通过言语的思考——能够得以“无尽地解释”。现在，洪堡对这种认识的答复不在于在更高的视角下书写一种新的美学，而是立刻转向了他日益专注的语言研究。

# 第五章　语言

## 1　语言哲学

当洪堡已经18岁时，赫尔德在抱怨，培根对“以语言为出发点并针对民族的普遍观相术”进行研究的愿望一直未能实现，因为可以期待，“由此会产生最丰富的关于人类概念的构造，最优秀的逻辑学和关于健全智性的形而上学”，赫尔德继续谈道，“花冠还高高悬挂着，等待着另一个莱布尼茨去发现它”。（观念；IX，2）

对传统的形而上学[1]（die Erste Philosophie）进行革新，赫尔德只有一步之遥：他认识到语言“是形成人类的独特工具”（同上，标题）。他质疑由数学的世界智慧所带来的认识乐观主义：“没有语言的纯粹理性，是地球上的乌托邦”，因为“语言是我们理性的特征，通过语言，理性得以形成和传播”（同上）。但是在接近人类语言的现实性时，赫尔德却折返了，感伤地回望这片梦幻世界——美妙的即无需语言的理性：与词语的关联显示出人类思维天然的不完满，纯粹的真理隐匿在语言思维的彼岸。依据近代霍布斯或莱布尼茨的语言反思，他认定：“语言并不表达事物，仅仅是名称而已……我们可怜的理性只不过是一个命名的计算工具。”（同上）事实上，洪堡并没有给这一思想注入新的内容。

1　所谓形而上学，据亚里士多德，指理论科学的三大基本领域，即本体论、神学和元科学，在当时被看作是所有科学的基础。

但他重新对此进行了评价，这就产生了新意，从而宣布了语言哲学的诞生：只有词语才为我们开启了思维、阐明了事物。词语具有无穷的含义，只能在相互的理解中得以确定，这并非不完满，而恰恰是其长处。这样的评价时至今日仍不同寻常，因而有待阐明。

我们先做一个回顾性的总结：本书的目的是介绍洪堡思想的特点。在开始部分介绍了洪堡的生平，自然而然地谈到了对其生平事业进行传记式编排的问题。通过对其政治活动的前提条件进行反思，发现在所有事件中都存在着力量与塑造之间的辩证关系，这是他生平事业中第一个特点。作为政治舞台上的活动家，洪堡力图实现这些远见：创造自由空间，消除强制，谨慎地引领现有的各种力量——他将此视为己任。在历史哲学中，他反思了历史事件的普遍前提条件。这里他追问的也同样是发挥作用的力量，而非力量所导致的事件本身；涉及力量之间的差异、时间的作用以及观念的反作用力。这一切可以在他的人类学和自然哲学那里找到依据，它们源于近代哲学的传统问题并与认识理论密不可分。洪堡思想的主要特点在于，他的所有迄今为止的研究，包括美学在内，还一直被视为是暂时性的，是先行的、准备性的。他后期语言哲学的基本概念产生于其他领域，而语言哲学“自然而然地”随着他先前的研究而产生，成为这些研究的“终极目标”：从这个意义上讲，人们可以从一个视角阐释洪堡的一切表述，不必将语言哲学理解成一个并列于其他的又一个学科，而是形而上学的一种新形式。

最初，洪堡认为思维是风格的问题。他用复数形式谈论“形而上学”，习惯于不同的研究者有不同的形而上学（WW；I 281），他赞赏康德最新出版的文章《论永恒的和平》（*Zum ewigen Frieden*），“因为在文章中作者展示了其本人忠诚而有趣的个性”（参考文献 16；I 205）。风格在他看来是一个特性问题，个人与民族的特性、国家与时代的特性、艺术门类和不同艺术时期的特性——对此研究成为他所有的兴趣。个人特有的语言特征也是其中之一，但起初洪堡并不认为其作用像赫尔德所认为的那么大：语言只是众多特征中的一个（参见同上120）。1799 年和 1801 年他两度从巴黎前往巴斯克地区，并由此引发了他对巴斯克语的深入研究，促成了他新的研究取向。关于他的第一次旅行，他写信给好友兼古典哲学指导老师弗里德里希·奥古斯特·沃尔夫，谈到他将来会“更专注于语言研究”，并认为“在经过几年的认真研究之后也许能够胜任对多种语言进行彻底的、哲学层面的比较”（WW；Ⅴ 219）。五年后他更加自信地向这位朋友宣称，他“已经发现了这门艺术，即以语言为工具探索世界最高深的一面及其多样性”（5，267，268）。这门艺术他先前从未向任何人学过，他必须自己开创。

洪堡兄弟俩很早就熟悉了对语言的一般性研究，他们在泰格尔庄园和柏林所上的私塾课程，除了古典语言和法语这些在开明的普鲁士高等教育中学习的语言之外，还包括一系列其他现代语言。但威廉并未止步于此，作为新婚的自由学者，他于 1792 年至 1794 年间“在哈勒（Halle）地区的乡下受到了枢密院大臣沃尔夫的礼遇”。哈勒大学被拿破仑关闭（1806 年 11 月）数年后，洪堡委以教席聘任沃尔夫在新成立的柏林大学执教语文学，“让其指导他的语文学研究，他当时翻译了品达（Pindar）的几首诗赋，并开始翻译埃斯库罗斯（Aischylos）的《阿伽门农》（*Agamemnon*）”（引自 1828 年自撰生平；GS；XV 524，525）。在这一时期歌德和席勒乐于向这位友人兼希腊诗学专家请教，《阿伽门农》的翻译工作持续了 20 年，并陪伴他度过了政治生涯中最动荡的时期。1816 年该翻译工作结束，并连同序言一并出版，该序言至今还被视为翻译理论的经典之作。洪堡独立的“语言研究”工作始于对巴斯克语的探索，在随后的 1801 年至 1807 年在罗马生活的岁月里，“他通过接触阿巴特·赫尔韦斯（Abbate Hervas）收集了研究美洲语言重要的辅助资料，他托人获得了涉及赫尔韦斯思想精华的语言学手抄本的

亚历山大·冯·洪堡，作为其兄弟家受欢迎的叔父和叔公，在泰格尔城堡的花园里。约 1850 年波普（J. Poppel）根据罗伯克（L. Rohbock）绘画制作的着色钢板雕刻。这个城堡是 16 世纪中叶以文艺复兴风格建成的庄园，1822 年至 1824 年间受威廉·冯·洪堡的委托，该庄园根据卡尔·佛里德里希·申克尔（Karl Friedrich Schinkel，1781 – 1841）的设计进行了彻底改建。庄园的主人在这里度过了他生命中最初的 20 年和最后的 15 年。

副本，这由在美洲传教、后来回到意大利的耶稣会士汇编而成”（552、553）。在 1820 年至 1835 年生活在泰格尔庄园期间，洪堡仍系统地继续这样的收集工作，以至于他后来在家里建成了当时最大的语言学图书馆。他与那个时期的所有专家保持着联系，提出了许多富有创见的研究想法，并且发现自己有能力为这几十种语言编写语法。然而，洪堡并没有局限于美洲语言，他还先后研究了梵语、汉语，最后还涉猎了马来语，而这只是他所研究的语言中最重要的一部分。他不知疲倦地致力于拓宽他的“普通语言学”经验基础，因为在他看来，这门学科在本质上必定是“一门比较学科”（参见 GS；Ⅵ 111）。简而言之，可以说只有对这门空前绝后的“普通历史语言学”（GS；Ⅵ 121）他是全身心投入的——完全孤寂，独领风骚。时至今日，我们才开始认真评价他异常丰富的语言学遗产（特别是库尔特・米勒 - 福尔梅），这份遗产在“二战”中被转移，战后一部分被销毁，一部分流散，只有一部分被重新发掘。

尽管洪堡进行了全面的经验性语言研究，但他的首要目的并非拓展我们对各种语言的知识。对他而言，所有的语言研究都是为了理解语言的本质，然而这不能脱离人、人的思维以及人的客体对象所组成的世界：“语言研究真正的重要性在于语言参与了思想的构成。这其中包含了一切，因为思想的总和构成了人类的本质。”（GS；Ⅵ 119）通过进一步阐明“彻底的和哲学的”语言比较研究的任务，他坚信，目前还缺少这样一种全面的研究发问。在他看来，语言研究还停留在语言的自然起源，还局限于对语言本质的自然意识：“最显然、但也最狭隘的语言观是仅仅将语言视为一种理解的工具。”（GS；Ⅵ 22）因而在语言研究之初，洪堡便洞悉了将语言客体化这种语言观的不充分性，这一直是他论证其事业必要性的依据和他批判思想的出发点。当然，任何设立特定外在目标的语言学理论，只要它能得出符合目标的结论，就无法指责它可能存在不充分性。但是面对探究语言内在目标的哲学问题，如果一种理论仅仅将语言视为实现外部目标的工具，那么这根本就是站不住脚的。早在1806年，洪堡就明确地对这种狭隘的主流语言分析方法以及由此产生的语言观提出异议：“这种狭隘的想法对各种有趣的语言研究产生了最为负面的影响，这种观点认为，语言约定而成，词不过是用来表示与之无关的事物或者这样一个概念的符号而已。”（GS；Ⅲ 167；参见Ⅴ 428）

很早以前，洪堡就用一种不同寻常的想法来反驳这种流行的观点：“语言显然主观（根据我们的行为方式）展现了我们的整个精神活动，它同时也引发了不同事物，因为它们是我们思维的对象。”因而，语言“是人构建自我和世界的手段，或者更多的是人由此意识到了，他将自己与世界分离开来”（参考文献16；Ⅱ，206，207）。人们可将这段话视为洪堡语言哲学诞生的依据。这段话出现在1800年9月洪堡写给席勒的一封信中，是他在两次巴斯克旅行之间在巴黎写下的，这段时间他集中研究了巴斯克的语言和文化。但是这样的语言观其新意与特点又在哪里呢？

哲学从一开始就伴随着对“语言”的反思。简而言之，可以将这一反思划分为三个历史阶段：古典时期和中世纪以形而上学为导向的哲学，探究（事物的）存在，它涉及一切存在——上帝和世界、还有人、思维和名称，并将一切看成是潜在的知识对象。这种对语言的客观态度，尤其以亚里士多德为代表，成为长期以来语言学的传统。近代以认识理论为导向的哲学，探究对（事物的）存在的思考，认为形而上学依赖于我们的智性，形而上学的主题是“自我”（das Ich），是意识，简而言之：是理性。但出于真理的统一性，这种理性被视为是同一的，对所有能思考的生命而言原则上都是相同的。因而理性本身应被认为是永恒的、无形的和绝对的。相对于这种理性，语言——作为记录思维时不可或缺的媒介，没有它交际和传承将无法实现——赢得了特别的意义。语言的特征是矛盾的：有时它有助于思维，有时又起到阻碍和破坏作用。人们探索语言对思维的引导和误导。为此赫尔德曾经戏剧性地描绘了（近代）语言地位的这种矛盾性。一方面，“只有语言才使人成为人……语言形成了规则，将不同性别结合起来”。另一方面，“稍作进一步观察就会发现，我们造就的这个手段是多么的不完善，不仅是作为理性的工具，而且也作为人与人之间联系的纽带。……仁慈的上帝呀，难道就没有另一种可能来估算我们的思想、来紧密连接人类的精神与心灵吗？”（观念；Ⅳ，2）

根据以上对洪堡的引述，不仅存在依赖于思维，而且这二者都依赖于语言。接下来，洪堡探索了对存在进行思考的语言。他本人在此并未谈及哲学，因为哲学对于他而言，根据传统概念，是以观念的永恒、思维的无形和真理的绝对为前提的。而语言的前提是受限制的、多样的和可变的。如果我不得不假设，只有在语言中（我的）自我和（我的）世界才可以分离，通过语言才形成了主体（自我）和它的客体（我的世界），那么梦寐以求的统一，亦即人类言语多样性中的思维统一和存在统一，就面临着丧失。在洪堡的思想中，语言哲学的主题可能是我们——这里的复数并不意味着上帝的至高无上，而是表示自然—人类——我们在言词应答中通过语言、亦即历史、亦即个体所传递的对世界的思考。

之前语言一直被视为思维与存在之间的媒介。其基础是假设思维与存在彼此独立，这二者也独立于语言并在语言之前就已确定。因此，必须将语言置于与二者的关系中并将这分离的双方连接起来。根据这一观点，正如大家所熟悉并看似理所当然的，语言被划分成语法和词汇。语法描绘思维，而词汇描绘世界。18 世纪语言起源理论的失败已经告诉了我们，将这样完全不同的二者事后结合在一起是不可能的。但这对于洪堡而言却是他逆转这种关系的动因。接下来的两节将简要论述以语言哲学和语言理论为基础的这种关系逆转。

## 2 语言（语法）和思维

### 潜在思维的语法

发轫于古典时期的逻辑学一直被视为判断时概念连接的普遍形式。只要一种语法包含了连词成句的规则，这些规则就涉及一种语言如何表达判断的逻辑形式这一问题。因而，逻辑学被看作是思维的普遍语法。洪堡也从这一论断出发，试图从语法形式上进一步阐释语言的差异："思维的普遍规律已经从根本上决定了语法，语法规则能且只能通过纯粹的概念推导而得。这便是语言学的哲学部分……希腊人为我们的普遍语法奠定了基础。"（GS；Ⅵ 345）他这样解释道，因为普遍语法"鉴于思维规则和语言根本性质的同一性，包含并发展了那些在所有方言土语中所共有的东西。每种基于普遍语法的语法关系，即便在某种语言中缺乏特有的称谓，也都可以以某种方式再现，并可以在任何语言中得到证实，作为思维和表达的形式，语法关系的类型存在于所有的人之中，因而也就毫无例外地存在于所有的民族之中"（GS；Ⅵ 342）。

但是这种普遍类型存在于何处？面对普遍语法又如何确定各种语言的语法差异性？在此，洪堡首先援引了智性规则作为每种语法必须遵循的准则。他借用康德来阐述这些规则，并认为这些规则不容触犯。他将这些规则视为每种语法的哲学基础：在"普遍语法由思维规则所决定的那个部分"概念关系"单纯从范畴推导而得"（GS；Ⅵ 347）。值得一提的是，洪堡从来不对普遍语法的表现方式妄加评论。零星的阐释也仅仅涉及特定的语言中某些范畴的表现方式（参见 GS；Ⅴ 452，Ⅵ 347，关于格的逻辑意义和语法式与逻辑情态之间的关系），而不是它们能够或者必须如何表达。他更多的是明确承认，语法范畴，如汉语所教给我们的，也能够"静默"

或“无声”地发挥作用（参见 GS；Ⅵ 364，397）。显然存在着不同的可能性。由于每种语言既能用于逻辑思维也能用于其他目的，思维的普遍形式并不能作为确定语言普遍形式的充分标准。

过去的人们总是、而现在洪堡也是结合“哲学语法”来进行语法方面的语言比较。用这种方式可以在差异中确定或显或隐表现出来的共同点，而不用确定差异本身。只要区别于逻辑（思维形式），语法（语言形式）的特点就被认为是残余、不足或多余。语法方面的语言差异性并不是由四海皆同的思维形式来决定的。因此，如果人们想确定作为所有语言的语法形式基础的“普遍类型”，逻辑并非充分的标准。试图从逻辑角度来说明语法方面的语言形式差异，最终会陷入窘境。

## “参与客观思想的人”

洪堡从传统语言观的窘境中吸取了教训，赋予了语法中逻辑所无法决定的“残余部分”以独立性，从而将语法从逻辑的统治下解放出来，这可视为他对语言哲学作出的第一个根本性的贡献。这一“残余部分”是指“参与客观思想的人”，正如洪堡改动弗兰西斯·培根（Francis Bacon）的话（ars sive rebus additus homo：艺术或参与事物的人，参见 GS；Ⅲ 10，Ⅴ 9）小心翼翼所表述的那样；或者是指形成客观思想的思维的主观活动，正如他后来更为清楚地论述的那样（参见 GS；Ⅵ 155，Ⅶ 55）。逻辑与语法的等级次序被反转：通过对现实话语的主观条件进行抽象，从“语言形式”中获得了“思维形式”。

在洪堡看来，我们借助语言传递思维所具有的主观性及其相对于客观性所具有的优先地位，源于对语言的语法方式所作的分析；进一步说，是因为对语言的逻辑部分与非逻辑部分无法进行准确的划分。此外，他还史无前例地发现，如果人们尝试用逻辑去衡量，那么语言的非逻辑部分既不表现为不足但也不是多余。它更多的是具有不同于逻辑的性质，因此无法用逻辑去把握。因为这并不是对言说内容（所表达的想法，具有逻辑性）而是对言说行为的分析。洪堡作了具体说明，认为普遍语法与逻辑的区别“主要体现在两点，但却是重要并后果严重的两点。逻辑判断和语法定律的所有形式在概念的连接和分离方面作用完全相同。但逻辑仅就这些理想化的情形本身对其进行讨论，属于可能性的范畴，或更多地属于绝对存在的范畴。而语言却将其设定在特定的时刻，将主语和谓语表述为施事的或受事的、有所支配的或没有支配的。由此，僵死的语法关系概念，类似于数学等式的连接符号，就变得生动起来。这样也就出现了作为整个语法核心和发端的动词。此外，语言通过词语所表达的思想总是针对另外一个人……这样，同时还有以人称为前提的动词的性质，便引发了代词的产生。动词和代词是整个语言围绕的核心”（GS；Ⅵ 346）。

## 现实言语的语法

一，动词。这里讲的并非动词的词类，而是“存在与概念结合”的场所，这在我们的语言中通常由动词（确切地说是通过谓项动词的造句功能）来表达，然而这无须标记，而且根本无法标记。在这个意义上，动词并不是区分不同语言的标志，而是语言的条件，是“显示语言存在”的场所（GS；Ⅴ 452）。而这一点恰恰能将动词与系词区分开来。人们无法根据系词判断，它是否倾向于表达存在。而如此理解的动词即为言说的范畴，它不属于判断的逻辑形式，而是建立了言语与现实之间的关联。语法句式的连接功能在于动词，正如逻辑判断的连接功能在于系词。二者用各自的方式实现“概念的结合与分离”，系词“在可能性和绝对存在的领域”，与之相反，动词在现实存在的“某一特定时刻”（GS；Ⅵ 346）。可能性并不是现实性的前提，而是从现实中抽象而得，正如逻辑抽象于语法。

二，代词。这里也并不研究代词的词类，而是“人称词”。动词不仅把说话者与世界联系起来，而且也将句子各成分连接在一起，由于后面这一功能，动词也被看作是一个重要的语法范畴。而（人称）代词在语法中则被视为边缘现象。它看似没有其他功能，只有指代功能，主要是没有自带含义；它与外部的世界或言语的对象并没有关联。但它对于言说而言是基本的，因为它决定了说话人之间的关系。如同动词，代词不是区分不同语言的标志，而是语言存在的条件，它属于语言中普遍存在的类别，无论它在一种特定语言的语法中是否或怎样进行标记。

事实上，语言的本源是由某个主体表达并被另一个主体听到的言语。但是，人类主体并不是理想的信息发出者和接收者，并不是处理普遍思想的透明终端。对己和对人而言，他们更多的是捉摸不透的个体，其对自我的坚守使思想的普遍性发生变化。某一思想产生客观作用，取决于主观。因而必须有几个主体有意愿和决心，能够切实地表达这一思想并能听悉这一思想。相反，正是在语言空间里主体所具有的相对位置，使他们以特定的个体显现。但整个情形是一个对关系不断重组的生动的过程——主体之间的关系（第一、第二语法人称）以及主题与客体的关系（第三语法人称）。主体决定并改变赋予他们存在的这种关系，在语言的媒介中思想获得了客观效果。

为了能够将思维的客观形式和主观决定的言语予以区分，有必要将普遍思想和个体的思维条件分离开来。如果我不考虑（a）一种思想是否真的是被想出来的，以及（b）由谁想出来的、由谁听悉的、它对参与的主体可能有着怎样的特定意义，那么我就从语言表达中析取了逻辑判断，见解或想法从当前现实的语言空间这一最初的处所被移至永久可能世界的逻辑空间。相对于思维的语言表现形式的纯粹客观性，将言语与现实连接起来的“动词”和确定言语在现实中位置的“代词”，这二者造就了语言语法形式的主观性。动词将主体和客体联系在一起，代词将特定的主体和其他主体联系在一起。

从根本上讲，可以将作为“言语语法”两个范畴的动词和代词统一起来。总的来说，它们是对语言形式的语法限定，或者从语法上讲是“形成思想的官能”（GS；Ⅵ 151，Ⅶ 53）。它们是语言“普遍存在的类别”，存在于所有语法中，但在每种语法中又用各自的方式表现出来。这种表达方式的不同体现了不同语言语法形式的差异性。对此无法用普遍概念进一步加以说明。对这种不同必须从整体上感觉，从个体上观察，然后用历史—哲学的态度细加描述。因为语言的差异性因个体而异（参见 GS；Ⅵ 150，151）。

## 3　语言（词汇）与世界

若要探问语言与世界的关系，根本的困难是，世界与语言是无限的量值，作为整体它们是不确定的，也是不可确定的。因此，为了将其简化，哲学从一开始就把语言与世界的关系问题转化为词汇与事物的关系问题。说话表现为对事物的命名，言语表现为事物名字的组合，所以意义问题原则上是针对单个的词而言的：这可以在柏拉图对西方哲学起根本和指引作用的对话《克拉提洛斯》（*Kratylos*）中读到。但是词是如何指向事物的？或者人们必须从《克拉提洛斯》的疑难结局出发继续追问，名与物的这种关系是否被误定了？

### 语言与世界

无论是现在还是早在柏拉图时期，都认为词的本质是给事物命名；这里的事物是指从感官可能观察到的对象。但是只要有人发问，是否所有的词都命名事物，那么这一观点就陷入了第一个困境。因为如果给予肯定的回答，那么“词”“思想”“我”等就不是词了，因为它们命名的并不是事物。所以只能给予否定的回答。人们只能加以限制并宣称，至少有些词指称事物。但是这种说法不再表明词的本质，因为它仅适用于某些词，而不适合其他词。此外，尽管做了这一限定，还是存在第二个困境。我们要预先确定，一个词命名的事物具有统一性。那什么是简单事物？即便是用来命名一个事物的专有名词，概括了许多时空上还可以进一步区分的内容并整合了众多观点。词所指称的“在严格意义上，总是现实中的类别，即便是一个专有名词也是如此，因为词综合了所指对象在时空中所有的不同状态”（GS；V 419）。

自从开始对语言进行科学研究以来，便存在了这样的思想，认为词表明的不是事物，而是概念。如果所有的词都表示概念，这一看法就道出了词的本质：“一个词是表明一个概念的音，词总是发音的单位……和概念的单位。”（GS；V 410）由此，上面所提到的第一个困境看似得以消弭。因为如果词表明的是概念，那么概念不仅仅是关于事物的概念，而是关于所有客体对象的概念。然而，从普遍意义上来讲，仍然存在第二个困境，即要确定词、概念和客体对象这些彼此对应单位的统一性这样一种困难。我们可以发现，言语所指称的不仅仅是关于客体对象的概念。为对语言进行科学的考察，人们从一开始就将言语成分划分为词与语法，洪堡出于实用目的也是这样做的。指称概念的功能归于言语的词汇部分，其他部分则被认为仅仅起到概念的逻辑关联作用。但是，从普遍意义上说，这样又只能得出那个折衷的论断：某些词指称概念，其他则不然。

词指称概念这种思想的困境，其根源在于，认为所有的言语从根本上讲都反映了判断的逻辑形式。基于这一观点，语言反思不得不以简单词（对应逻辑概念）和简单句（对应逻辑判断）为出发点。如果不考虑这个观点，那么对语言的指称可以普遍地定义如下：通过言语，概念得以持续区分；用这种方式，客体对象得以确定。这个定义适用于将言语划分为词和句子、语法和词汇等，也适用于将言语的所指划分为抽象和具体概念、简单与复合概念、经验概念与非经验概念、逻辑概念等。如果这样，认为语言不是指称事物、而仅仅是指称概念，这一认识还是可以保留——但同时也发生了认识的决定性转折，即语言并不是真的在指称概念，而是在区分概念。通过区分概念可以明确客体对象，比如将其明确为事物。通过将客体对象划分成感官类和非感官类便建立了事物概念的基础。事物这类客体对象，它们通过我们所能感知的事实的概念与其他所有的客体对象区分了开来。

## 词的个性

然而存在这样一个问题：词是什么？或者进一步说，词指称或意指什么？如何指称或意指？在洪堡看来，词介于图像（象征物）和符号之间，二者兼而有之。这里同样可以引证柏拉图。克拉提洛斯认为，名称（自然地）描摹事物，而赫莫格尼斯（Hermogenes）认为，名称（约定地）指称事物，用黑格尔（Hegel）的话来说，要摈弃这两种观点，只将其视为词的不同要素。通过词并在词之中，概念与客体对象得以区分。洪堡也认为，通常词的要素，即图像和符号，在词所唤起的想象中仅仅是外在地分离或相连，因而可以说，词所唤起的想象“除了具有与对象相关的客观部分，还具有基于理解方式的主观部分”（GS；V 418）。

在区分了语言中的客观对象和主观观点之后，洪堡提到了思想的无意识性，这种观点认为将词在形式上区分为主观与客观部分出于语言本身，而非出于将语言客体化的反思。“几乎无需解释，这种区分只是抽象的，词除了思维之外没有其他的居所，词的客体对象也是如此”（同上）。其实不必探寻词、概念和对象之间的对应性，因为这样做，会以为它们之间是互相隔离、单独存在的，以至于需要去建立这种对应关系。人们怎么能够想到去调和原本分离的领域？“词赋予概念以形态……和感官效果（GS；V 419）”——这是词的本质，同时也是概念的本质。因为一个不表示概念的发音并不是词；不由词所决定的想法也不是概念。“所思便化为所言”（GS；V 433）。如果不能用言语表达，即对客体对象无言的想法，那么思维也无法企及。如果思维和语言都无法企达，则说明该客体对象并不明确。无言的客体对象和它完整的概念都是对语言的简单反思所产生的虚构产物。本源的、先于这种反思而存在的是语言形式，在洪堡看来“简单的词”便是“语言中真实的个体”（GS；V 410）。

如果想了解一个词的意义，那完全不能在词典中查找，因为词的意义既不是由词所构成的概念、也不是由与概念相对应的客体对象来决定的。词典也无法让人脱离语言而直接指向被确定的概念或客体对象，只是将人困在语言之中。每个词只有在语言各部分持续的相互联系之中才能获得意义。洪堡将这一原则总结在下面这条规律之中：“在语言中整体与部分相互决定，这是千真万确的。”（GS；V 394）。对这种相互联系“甚至”可以提供一些“确凿证明”，但是在大多数情况下还是模糊和不明确的。正如莱布尼茨认为，无尽关联的无意识想法（petites perceptions）承载和决定着我们所有有意识的想法（apperceptions），因而也承载和决定着我们明确的概念。洪堡也同样认为，出于对语言无尽关联的模糊感知，主体赋予概念以形态，而其他主体出于一种相应的感知，也赋予这些概念以效果。

## 意义的不确定性

词作为个体既与它的语言也与它的世界关联。但是，这样的语言世界不再是一个统一的世界，一个对于一切思维具有约束力的并由上帝创造的无语言的现实整体（omnitudo realitatis），而是本身为个体形式，在与其他个体形式的交互作用中形成并不断演变。因此，没有确凿依据来说明意义具有确定性。但简单的否定，认为意义无法确定，那将会是语言的末日。若必须承认意义的不确定性，就可能导致意义的丧失。对此洪堡的处理方法是对现实词汇意义的双重调整。这一思想解决了两大著名的担忧，即相对主义与唯我论所造成的困惑，而至今语言哲学对形而上学或认知理论基要主义（Fundamentalismus）前提的质疑还在引发这两大担忧。

语言的对比研究表明，在每一种语言中词与词之间的关系是不同的。这就是为什么不同语言之间“意义相同的”词也不是严格意义上的同义词（GS；V 420，参见Ⅳ 248）。在这一方面，语言比较研究的目的在于，借助鲜明的例子来清楚地说明意义的不确定性。所有在意义方面所进行的“严格而细致的分析”都会得出这样的结论（GS；V 436）。因为支撑和决定意义的语感，是对每个词和无限语言结构整体之间关系的一种模糊感觉，就像每一种感觉，是主观的，是因人而异的。对同一个词，不同的主体有不同的想法，构建不同的类比。或者换句话说，每个主体把同一个词看作是不同整体结构的一部分；也就是说，每一个人，即便是使用同样的词语，也是在说不同的语言。因为词“作为语言的组成部分和语言研究的对象，只具有普遍性的含义，虽然可以用不同的方式使之个性化，却也为词的性质所限制”。因此，作为一种受制约却又是普遍的形式，词具有“一定的”——也可以说是不定的——“产生不同想法的可能性”，因而词的意义是不确定的。基于这种不确定性，词“除了由语言的普遍性所带来的同一性，还可以有自己的特点”（GS；V 418）。主体用自己的方式来调整（普遍的）意义，构建他的语言。这样，作为个体稳定的语言资源，一般语言中不明确的意义能够被完全确定下来。

正是通过理解与表达，主体积累经验。以这种方式，在使用过程中意义再次得以调整，因而词“只有在每一次的思维中才真正拥有完整性和个性”（GS；V 418）。个体对意义的简单调整也许会将普遍语言分解成彼此不同的个性化语言。这样可能会导致一种不合理的想法，认为不同的个体将发音相同的词语始终与不同的概念相联系。然而，无论是使用表面上相同的语言还是表面上不同的语言，这种想法都无法解释主体之间是如何通过共同的言语达成相互理解的。正是对调整的调整，消除了意义的完全确定性，使个体语言拥有固定结构这一想法变成了不可能。主体能够自由地根据现实情况和需要不同地——在（非）特定界限内——运用语言，在这种情况下，意义确定于某一情景某一时刻。只有对词的普遍意义进行双重调整或一定的双重否定，才能把语言看作是主体之间用来互相确定对方表达意义的普遍媒介。“从根本上来说，虽然是同一个语音，但每一次说出的都是另外一个词。因为只有确实思维着的或者言说着的才是真正的词，而那些语言中传承而来、似乎已经僵死的词，则只是一种被反复赋予新意的语音外壳。”（GS；V 422）

## 语言世界观

关于对现实词汇意义进行双重调整的思想是洪堡著名的语言世界观的逻辑基础。每一个词都显示了整个语言。但是，和词的（外在）相同性相联系的是承载词义的语言（内在）的不同性。只有词是被说出来的。词具有哪些明确的概念特征，对此人们可以相互达成一致。但是从来无法确定，概念的“外壳”在每一次响起时，还有哪些其他的想法以何种清晰或模糊的程度可以一并得到理解。语言的整体所对应的是客体对象的整体。而整体总是以一定的方式进行划分。因而，可以明确辨认的单个客体对象，正如由词构成的明确概念，只是巧妙构造出来的整体的一部分。客体对象的全貌非常模糊，只有在表达和理解过程中才会变得清晰，它在词的现实运用过程中显示出来，并在运用的这一刻使普遍形式的词具有了完整的和个性化的明确意义。

为了命名这个整体，洪堡又启用了美学中的概念“世界”。我的所有想法，对我来说哪怕意义微不足道，而且在进一步区分之前可能具有具体的意义，对我来说就是世界。因为只有把自己视为一个不同于他人的主体，我才能拥有一个关于自己的理性概念；因为只有认识到其他主体对世界的看法各不相同，才能产生其他主体不同于我的概念，所以我必然将我所有的想法看成是我的世界。为阐明新思想，洪堡在言简意赅的语言中，作了不同寻常的表述：“因为所有的客观感知都无法避免地带有主观性，所以即便不考虑语言的影响，也可以认为每个人都具有各自的世界观”（GS；V 387 = VI 179 = VII 60）。然而在这段引言中，将语言抽离出去只是一种假设，出于方法上的原因。人的个性只能在语言中并通过语言才能形成。对于语言来说，思维和思维的世界互相区分，正如语言能用词语将二者成功地表达出来。从这个意义上讲，由语言所决定，二者——思维和世界必然具有多样性。思维和世界的区分本身是一种以语言为媒介的历史既成，在这种情况下，语言自身便划分成为语法和词汇。

通过词语的使用不断地调整意义，出于理解的需要这种意义调整有着一定的限度。由此，一方面意义得以稳定，但并没有僵化成永恒的观念；另一方面意义又变得灵活，但没有陷入无意义的混沌之中。这样便形成了言语的意义，而且是借助于“精神永恒往复的工作，使发出的声音能表达思想”。——这便是洪堡著名的论断：“语言，就其本质而言”，并不是“作品”（Werk/Ergon），而是“活动”（Thätigkeit/Energeia），或者是“对每一次言说的定义”。

## 4 理解的问题

如果我们并不都生活在同一个世界，而是每个人有其自己的世界观，正如我们并不都说同一种语言，而是每个人都必须用自己的方式去解读别人的词语，那么如何解释人际之间的相互理解呢？这里所涉及的问题并不是我们是否能够相互理解。尽管并非总是并处处能够达成理解，而且理解也并非完满，但是我们显然能够彼此理解。所以，这里关注的是我们能够得出怎样的关于理解的概念。然而我们会发现，认为当（语言之外的）客体对象在两个个体（先于语言的）思想中取得一致时，两个个体便达到了相互理解，这种看似自然的、确切地说是习以为常的想法，其实是无法实现的。然而，用来衡量是否理解的真正标准只有神的视角，就连哲学家也不愿并无法具有这一视角。因此，我们为了考察词语及其真实性或是其与自然的一致性只能运用其他词语：它们在使用的那一刻是毫无争议的，因而可以作为对有争议词语的衡量标准。

理解的问题，也就是为理解本身建立一个可理解的概念，是所有语言哲学的基本问题。以这一问题为主线，下面将简要介绍洪堡语言概念的特质和哲学意义。这里涉及在思维和言说以及言说和反驳中概念的形成问题，言语中的人际关系，以及借助认识和理解这种“精神活动”自我的个体化过程。

### 思维和反驳

“主观活动构成了思维的客体。因为没有任何一种思想可被视为对现有对象的一种纯粹观照。”（GS；Ⅵ 155）在听到的词语中，思想本身获得了具体的形态。在词语里，思想“相对于主观力量就变成了客体，

作为普鲁士驻伦敦公使的威廉·冯·洪堡，这是他外交生涯的最后一站（1817 年 10 月至 1818 年 10 月）。托马斯·劳伦斯爵士（Sir Thomas Lawrence）1817 年画作。

并作为客体重新被感知，从而再次回到精神活动之中”（同上）。只有在词语中，思维才能获得与词语相匹配的客体对象，亦即获得了明晰的概念。因为只有词语才可以使思想“具备现实的客观性，又无须脱离主观性”。如果没有这种转换，“就无法构成概念，也无法真正进行任何的思维。因此，撇开人与人之间的信息传递，言说也是每个人在封闭的孤寂中进行思维的必要条件”（同上）。

由此可以确定，言说是思维的一个必要条件。但还不可以将其视为思维的充分条件。因为言说并没有真正形成思维所追寻的客观性，思维所孤独构建的世界仅仅是“梦想图景”（GS；V 381）。关于这个言说概念的不足之处，洪堡是这样论述的：“词并非客体对象，相对于客体对象它更像主观性的东西，然而词在思维者的精神中会成为客体，一个由思维者产生而又反作用于思维者的客体。”（GS；Ⅵ 160）。主观思维所寻找的客观性是那种“固定不变的”真实（GS；Ⅵ 173），但是这无法从思维本身找到。因为思维“处于持续不断的发展之中，是一种纯粹的内在活动，任何永久的、持续的和稳定的东西都无法留存其间”（GS；Ⅵ 154），这是与那种“固定不变的”真实相对立的。所说的和所听到的词，通过证明自身适用于思维，也就具有了这种瞬息变化的特质。词只在它消逝的瞬间才存在，因此它只能赋予思维短暂的客观性。

思维如何在言语中获得客观有效性？个体单靠自己既不能理解世界也不能理解他自己。他可能会在思维中迷失方向，也不能形成自我意识。自然的个体，也许在其成为一个精神个体之前就已经消亡。对于由此所提及的“隐藏了人性本质和命运的个性的秘密”，在洪堡看来是“无法真正加以阐明的”，但是可以使某些方面变得清晰，即“人类的个性只是非常有限地存在于单个人之中”（GS；V 29）；更进一步说：“他的感觉需要回应，他的认知要求通过他人的信服来得到认可……他全部的内心存在需要一个相应的外在意识，他的力量越是丰富发展，他就需要在越加广阔的范围内得到赞同。”（同上）个性指向与之对应的另一个个性，这简要地说明了，个体自己不能学会说话，因为这没有满足思维的必要条件。

“语言必然属于言说的双方，事实上就属于整个人类。”（GS；Ⅵ 180）这是语言概念的另一个根本要素。语言不仅联系主体与客体，而且联系不同的主体。确切地说，这两种联系互为条件、互相制约。因为关于客体对象的概念在思维中“只有从大量活跃的思想中抽离出来并构成与主体相对的客体才得以生成”（GS；Ⅵ 160），而这发生在词的发音过程中。接下来洪堡对此作了必要的限制和补充：“然而仅仅在主体中进行思想的分离是不够的……”因为主观的言语表达仅能保证片刻的客观性，它无法留住思想。“只有当思想者真正从自身外部观察思想时，客观性才得以实现，而这只能通过另一个如同他一样思想和思维的生命才会成为可能。”（同上）

如果语言仅显现为思维的一个必要条件但不是充分条件，那么原因在于语言概念本身的不完全性。这种不完全性的一种表现是无思想的语言运用，它将说与听对立起来，认为只要二者结合，就能把握语言的传递本质。因为听与说是同一精神活动的两面，二者并不相互补充。所以语言学能够接受交际理论关于信息发出者—信息接收者这个模型，能够假设理想的言者与听者；言者与听者双方甚至可以互换位置。这就是为什么洪堡要结合对唯我论的语言抽象概念（进行批判）来谈论听（参见GS；Ⅵ 155，Ⅶ 55）；因为按照这一观点，听这个概念无须“关注人际之间的交流”。

然而语言中真正的对立是另外一种，是展现言说者个体差异的对立。言说与反驳、词语与答复、称呼与回应，是完整的语言概念中两个真正互相挑战、不能简化、不能互换的要素，因此洪堡在阐述唯我论的语言抽象概念时，最后提出了质疑：“不过从表面上来看，语言只能在社会中得到发展。”（GS；Ⅵ 155）指出现象性并不意味着局限性，因为言说就是一种思维现象。这表明有限的、必然受语言制约且通过言说得以表达的思维概念，包含了其他同样受到制约的思维以及思维之间的相互作用。“但人的思维与社会紧密相连……为了进行纯粹的思维，人需要一个和‘我’相对应的‘你’……只有借助他人思维力量的反射，概念才会获得明确性和清晰性。”（GS；Ⅵ 160）词仅在“每次的运用”和现象中才能“存在”（GS；Ⅴ 393），而这种存在在生成的那一刻却又消逝了，所以词只有在答复行为中才能获得概念的客观性。言说只有在让其存在的言语对立中才展现出现实性。“词也无法借由个体，而只有通过社会的途径，即在已有的基础上不断地进行新的尝试，才能成为现实。只有……拥有听者和回应者的时候，词才能获得其本质。”（GS；Ⅵ 26，参见 VI 160）

## 人际关系

主体与客体之间的语言媒介是思维的首要前提，在普遍语法中表明为动词的合成作用；动词是音义统一的构成概念的词。主体之间的信息传递作为思维的第二大前提，在普遍语法中表现为三个语法人称；这三大语法人称确定了言语在现实中的位置（关于这两点参见 GS；Ⅴ 2c）。这些关系需要进一步阐明，因为在这些关系中人完成了他的言语概念。

需要直接阐明的是，自我（Ich）本身并不存在，而只有与他者相区别时才有意义。人们可能会认为，最初只有“我”与其客体对象之间的区别，后者可以进一步划分为他（er）、她（sie）和它（es）或者是其他类型的对象，然而这种划分是次要的。这一观点又是建立在唯我论之上，是一种非现实思维的个人独白，是对一个非现实表象世界的主观武断的划分。仅仅通过区分主体与客体既不能使客体获得完满，也不能真正区分主体。仅仅对照第三人称无法建立第一人称：“‘我’与‘他’本身互不相同，正如人们想到这二者，不可避免地认为它们是彼此对立的客体对象，它们可以穷尽一切，因为换言之它们也可称作‘我’（Ich）与‘非我’（Nicht-ich）”（GS；Ⅵ 160，161）。只要“我”与“非我”相区分，那么一方只是另一方的反面而不是真正别的什么。“我”只显示为其客体对象的补足客体形式、而并不确实以“我”显现。

第二人称体现了变化和多样性。“‘你’（du）只是一个与‘我’相对的‘他’……在‘你’那里存在着选择的偶发性”（161）。这一选择表明了主体的自由，主体没有选择其他作为“你”，这个“你”是从“所有生命”中突显出来的并与“我”相对而立。通过第一、第二人称的主体对立，第三人称也改变了本质。“‘他’除了表明一个‘非我’，还表明了一个‘非你’，而且‘他’并不是这两者之一，而是它们共同的对立面”（同上）。正是由于第三人称成为前两个人称的共同对象、成为被确定的客体对象，第三人称所指客体对象的特征才能得到保存、才能从根本上加以实现。第三人称成为不同主体的客体对象，因此，这样一种多方面的对立不再是矛盾的，不同主体对同一客体对象的看法也可以互不相同；也就是说，客体对象参与了主体的不确定性。相反，如果主体只被看作是客体的对立面，那么其自身也就只是一个客体，“一个具备这些特征、处在这些空间关系中的个体”（GS；Ⅵ 162）。这样就会剔除人际关系，只剩下“非我”客观地、无联系地、互不关心地排列在一起。只有面对“你”才形成了“我”：这个“我”将自己看作是“此时此刻意识中的另一个主体的对立面”（同上）。

言语中的人际关系可以用遗传学的方式分解：实际上主体并不首先通过客体、而是相对于其他主体来确定自我。只有在其他主体那里他才能认识到自己的不同，并发展自我意识。在这个对自己的主体性还只有模糊感觉的主体看来，一切自身之外的都是“非我”，是主体用来自我定义的客体。“我”用这种方式最初形成的关于自身的看法，是另一个客体、一个“非我”关于“我”的看法，是用第三人称谈及的自己。仅仅立足自身，可能无法形成一个关于“自我”的概念。然而，通常情况下有另一个主体与之对立，而且用词语阻止他直接接触客体。有人对这个“我”说：事物并不是你所看到的那样。如果“我”理解了此言，那“我”与客体的直接接触便中断了。这便是不同的观点。“我”了解到，其他异己观点实际上也是有意义的，从而发现自己是一个有观点的主体。而当前有影响力的观点则表明了客体对象的实际情况，构建了眼下显现的真实。面对这种真实而不是某种一直只是虚构而成的、误认为具有直接性的客体，“我”学会了如何行为。“我”通过行为同时也发现，自己或许也可以有另外的行为方式。“我”知道会有他人相告，从而发现了进行反驳的自由。然后“我”通过自己的言说，直接看清了关于真实的假象。而只有通过经验才能了解这种假象存在的必然性。

“我”只有在自由地回应来自另一“自我”不受约束的诉求时，才能真正地将自己变为主体，这一思想也让我们重新审视客体对象，它作为语法第三人称介于两个第一人称之间。在主体存在的地方，就无法与事物发生直接的关系。一方面，世界虽然不再局限于当前的事物，但是另一方面，世界只显现为间接的、作为不同主体所谈论的那个世界。主体需要表达他们关于客体对象的看法，要形成明确的看法不再借助于客体，而是仅仅借助被其他主体所认可的概念。所以，谁想在客体对象形成的世界里辨清方向，就必须求助于其他主体。主体在言语中彼此相遇，并通过由此形成的共同客体对象来塑造自己。这些客体对象的全部便是言语所展开的世界，而主体则通过自我表达和由此形成的世界观来塑造自己。不再有必要探究世界本身，因为世界只出现在不同的观点中，确切地说，世界只是由语言这个普遍媒介所反映的世界。因此，事实上在言语中出现了一个“中间世界”，但并不存在于“我”与“非我”之间，因为它们并没有给予言语自由的空间，而是在“我”与“你”之间。这个中间世界是一个自由的、有规律的世界，是我们实际生活的世界。它形成于无尽的交谈中，表现为各种观点的一致与差异。

## “我”的个体化

语言作为形成自我意识的媒介，其概念形成于理解过程中。如果将理解简化成听（接收）并且与说（生产）相对立，便形成了知识中简化了的语言概念，而语言成为了传递知识的媒介。知识是客观的，独立于它潜在的载体与潜在的传递过程。在知识中，没有主体发挥的空间，只有错误产生的余地。相反，理解是主体的行为并且必然指向其他主体。在理解过程中，主体间相互确定他们的立场并由此为客体对象创造了（中间）空间。没有什么是不言自明的，也没有人仅仅为了自己而随意去理解一些东西；然而在主体之间很多东西是明了的。用洪堡的话说：“人只有在其他人那里尝试着检验了其言语的可理解性，才能理解他自己”（GS；Ⅵ 155）。

我用词语表达思想并且其他主体用他们的词语证实我的表达，这样，稍纵即逝的思想才能固化成概念。只有不间断地证实才能建立起现象中确实的对象，并防止它陷入虚假的客观性。而且只有面对一个如此建立的真实，自我意识方能形成并得到稳定。这种真实是得到认同的真实，只有在这样的认同中，自我意识才能存在。但是，理解并不等同于证实。证实只是理解的第一要素，它传递必需的信任，没有这种信任，任何主体都无法承受他人的反对意见。如果自我意识得到了足够多的证实并且借此生成和壮大，他便能将异议理解为其他主体的观点表达。但是，即便在观点明显不同的情况下，以某种方式使自己得到理解仍然非常重要。事实上，主体正是在反对中得到了特别认真的对待。当人们不再反驳而只是谈论他时，他的精神存在便被摧毁了。

主体之间无法彼此了解。因为一个主体既不能在理论上、也不能在实践中被转化成客体。但是，他们能够通过彼此告知关于客体对象的观点来实现交流。然而这绝不是理所当然的，因为他们并不是无条件拥有可以区分客体对象、用来告知的普遍媒介。主体最初缺少对客体对象的看法，他必须由其他主体带入到这个普遍媒介中并且同时进入客体对象的世界之中。然而，要在普遍媒介中区分作为现象的客体对象，主体必须首先被大家接受和接纳。因为媒介的普遍性在于，媒介是主体自我表达的前提、是所有主体所共有的，但主体对此却无法了解。

所有理解必然的共同前提，客体对象方面是自然的规律性，媒介方面是语言的规律性。而语言以及语言所决定的自然的理解正是以这种规律性为基础的。为了能被普遍理解，我愿意让言词遵循这种规律性，然而这往往仅是我个人所认为的规律性。因为本质本身是模糊的，客体对象的本质和语言的本质也是如此。如果我想被真正地理解，我必须让我的言词遵循我认为的别人所认为的这种规律性。然而我从来不能准确地了解别人的观点。虽然人们能够普遍告知一个具体的观点，但是，赋予某个具体观点以真实意义的个体的全部观点，作为整体却从来无法变得完全清晰，因为这是个体的立足点，是他的精神个性。这种个性本身无法告知，但它会通过接受新观点而受到影响。我能够通过告知我的观点来促使他人改变他们的观点，但他们必须自发而为并且使之与他们自己的立场相协调。理解不能强制而得；它仅仅通过答复实现；也不能对它进行检查。由此说明，每一个表达，如果它确实被理解了，严格来讲必然不同于其本意；因为这是在其他观点指导下的理解，出自另一个立场："因而一切理解同时也是一种不理解……所有思想和情感上的一致同时也是一种分歧。"（GS；Ⅵ 183）

主体只能通过其个人对语言的使用才能学会普遍语言，正如他只能通过建立自己的世界观才能获知客体对象的普遍本质。因此，主体用以表述的媒介同时也是他们具有个人特色的媒介。语言“通过分离实现连接”（GS；Ⅵ 125）。为了能够获得有关客体对象、并由此获得关于自我的客观概念，主体必须追求他想法的普遍性。主体在交流中希望得到他人的认同，然而面对他人的立场，他越来越清楚地区分出了他自己的立场。他越来越难以将自己认同为其他主体，基于这种经验，他越来越有能力将他人看作是其他主体。因而，只要存在观点认同的可能性并进行交谈，自我个性化的过程就会通过相互理解不断地延续下去。“人的内心深处总在竭力追求统一性和完整性，想要突破个性的限制，但必须在这一不懈追求过程中努力提高个性的特点……人一直在一种依靠自身无法成功的追求中取得越来越大的进步。”（同上）对此我们没有理由抱怨，但认为可以不断进行这种追求的错误想法却更加令人担忧。这种错误想法的根源在于，主体希望建立一个关于自己的客观形象，导致其尝试将个性简化为一个普遍概念。

在实际理解过程中，主体之间是自由的。只要一方可以理解另一方的观点，他便承认另一方拥有对客体对象独立的观点。这种可理解性限制了通过交谈所开启的认同的可能性。——与此相反，科学研究的对象是无权进行自我表达的客体对象。它们作为第三人称并不参与交谈，而是被谈论。科学和技术，二者对客体对象施加强制力。客体对象通过以阻力对抗而展现其力量；针对强制力只能抵抗，不能反驳。——原则上，“我”可以自由地选择“你”，正如“我”可以将“非我”（世界）划分为主体与客体对象，“我”可以决定去理解“谁”，了解“什么”。“我”能够将哪些现象认同为主体，亦即他的同类，这是一个经验性的问题。而对第二与第三人称的划分，在洪堡看来属于个性伦理学（Ethik der Individualität）的基本问题。

# 附　录

## 洪堡生平与时代大事年表

| | |
|---|---|
| 1740 – 1786 | 弗里德里希二世“大选侯”（1712年出生），普鲁士国王 |
| 1767 | 威廉·冯·洪堡出生于波茨坦（6月22日） |
| 1769 | 亚历山大·冯·洪堡出生于柏林（9月14日） |
| 1779 | 父亲亚历山大·乔治去世（9月14日） |
| 1781 | 康德《纯粹理性批判》 |
| 1784 | 赫尔德《人类历史哲学观念》第一部 |
| 1786 – 1797 | 弗里德里希·威廉二世（1744年出生），普鲁士国王 |
| 1787 – 1788 | 在奥德河畔的法兰克福学习法律一学期 |
| 1788 – 1789 | 在哥廷根学习三个学期 |
| 1788 | 秋季在德意志帝国游学与访友 |
| 1789 | 巴士底风暴（7月14日） |
| 1789 | 7月至12月巴黎、瑞士之旅 |
| 1790 | 康德《判断力批判》 |
| 1790 – 1791 | 柏林司法部门任职 |
| 1791 | 在埃尔福特与卡洛琳娜·冯·达赫罗登结婚 |
| 1791 – 1793 | 在厄尔纳堡过着离职生活 |
| 1792 | 《试论如何确定国家的权限》（绿皮书） |
| 1792 – 1797 | 第一次联盟战争 |
| 1794 – 1797 | 举家迁居耶拿，与席勒共事 |
| 1794 | 费希特《全部知识学基础》 |
| 1795 | 《论性别差异及其对机体性质的影响》 |
| 1796 | 母亲过世（11月14日） |
| 1797 – 1840 | 弗里德里希·威廉三世（1770年出生），普鲁士国王 |

| | |
|---|---|
| 1796 － 1798 | 拿破仑征战意大利 |
| 1797 － 1801 | 举家迁居巴黎 |
| 1798 | 《美学尝试——论歌德的〈赫尔曼与窦绿苔〉》（1799 年发表） |
| 1799 － 1804 | 亚历山大伟大的南美之旅，拿破仑作为最高行政长官的统治 |
| 1799 － 1800 | 西班牙的家庭之旅，首次到访巴斯克地区 |
| 1800 | 谢林《先验唯心主义体系》 |
| 1801 | 威廉的第二次巴斯克诸省之旅 |
| 1802 － 1808 | 普鲁士驻罗马教廷公使 |
| 1803 | 其子威廉（1794 年出生）死于阿利西亚（8 月 15 日） |
| 1806 | 耶拿近郊普鲁士对拿破仑战役失败（10 月 14 日） |
| 1807 | 黑格尔《精神现象学》 |
| | 蒂尔西特条约（7 月 9 日） |
| 1808 | 亚历山大·冯·洪堡《自然观》 |
| 1809 | 被任命为机要国务委员和内政部文化教育署署长（2 月 10 日） |
| | 柏林大学创立（8 月 16 日）（1810 年 10 月开始授课） |
| 1810 | 被任命为驻维也纳副公使及全权大臣（6 月 14 日） |
| 1810 － 1818 | 执行各种外交任务 |
| 1812 | 拿破仑征战俄罗斯 |
| 1813 | 布拉格会议（7 月至 8 月）：洪堡争取奥地利参加反拿破仑战争 |
| | 拿破仑莱比锡战败（10 月 16 日至 19 日） |
| 1814 － 1815 | 作为普鲁士第二代表与哈登伯格参加维也纳会议 |
| 1815 | 拿破仑在滑铁卢最终战败（6 月 18 日） |
| 1816 | 参加美因河畔法兰克福的领土主权谈判，出版埃斯库罗斯的《阿伽门农》译作 |
| 1817 － 1818 | 出任普鲁士驻伦敦公使 |
| 1819 | 被任命为等级事务大臣（1 月 11 日），上任（8 月 9 日） |
| | 卡尔斯巴德决议（9 月 20 日） |
| | 离职（12 月 31 日） |
| 1820 | 第一次科学院演讲：《论与语言发展的不同时期有关的比较语言研究》（6 月 29 日） |
| 1821 | 科学院演讲：《论历史学家的任务》（4 月 12 日） |
| 1822 | 科学院演讲：《论语法形式的产生及其对观念发展的影响》（1 月 17 日） |
| 1824 | 科学院演讲：《论拼音文字及其与语言结构的联系》（5 月 20 日） |

| | |
|---|---|
| 1824 － 1826 | 《普遍语言型式的基本特征》（日期不详） |
| 1827 | 科学院演讲：《论双数》（4 月 26 日） |
| 1827 － 1829 | 《论人类语言结构的差异》（日期不详） |
| | 《论语言的语法结构》（日期不详） |
| 1828 | 科学院演讲：《论太平洋南部诸岛屿的语言》（1 月 24 日） |
| 1829 | 妻子卡洛琳娜去世（3 月 26 日） |
| | 被任命为新博物馆内部设计委员会主席（5 月 8 日） |
| | 科学院演讲：《论某些语言中方位副词与代词的关系》（12 月 17 日） |
| 1830 | 法国 7 月革命（7 月 26 日） |
| | 重新被任命进入国务委员会（9 月 15 日），并授予他黑色鹰形勋章 |
| | 发表与席勒的往来书信，引言是：《论席勒及其精神发展过程》 |
| 1830 － 1835 | 《论爪洼岛卡维语。引论：论人类语言结构的差异及其对人类精神发展的影响》共三卷出版，柏林（1836 年至 1839 年） |
| 1835 | 威廉·冯·洪堡逝世于泰格尔（4 月 8 日） |
| 1841 － 1852 | 七卷本全集，由卡尔·布兰德斯出版 |
| 1859 | 亚历山大·冯·洪堡逝世（5 月 6 日） |

# 部分参考文献

以下内容按年代排序

## 1 著作版本说明

1. 威廉·冯·洪堡文集（WW），卡尔·布兰德斯出版，七卷，柏林 1841-1852（ND 柏林 1988）
由亚历山大提议修订的版本，按主题编排，附书信集（写给弗斯特和沃尔夫）及诗作。
2. 威廉·冯·洪堡语言哲学著作，H·施坦因塔尔出版并注释，柏林 1884
附有详尽专业评论的选集。
3. 威廉·冯·洪堡文集（GS），受普鲁士（皇家）科学院委托，阿尔伯特·莱茨曼等人出版，17 卷，柏林 1903-1936（ND 1967/1968）
—第一部，1-9、13 卷（莱茨曼）
—第二部，10-12 卷（哥布哈特）
—第三部，14-15 卷（莱茨曼）
—第四部，16-17 卷（李斯特）
至今该文集仍然是权威版本，考订方面存在一定的争议，没有附学术及私人信件。
4. 威廉·冯·洪堡，五卷本著作集，安德里亚斯·弗利特纳&克劳斯·吉尔出版，达姆施塔特 1960-1981
—第一卷，人类学及历史学著作（1960）
—第二卷，古典学及美学著作（1961）
—第三卷，语言哲学著作（1963）
—第四卷，政治学及教育学著作（1964）
—第五卷，短文、评论及其他（1981）
权威“研究版本”，包括了所有重要著作，按主题编排，补充了十分有用的评论卷，只收录少量书信。
5. 威廉·冯·洪堡，研究版，K·M·弗尔梅出版，两卷，法兰克福（美茵河畔），1970/1971
—第一卷，美学和文学
—第二卷，政治与历史
具有专业性批判与详细评论的研究版本，内容不全。
6. 威廉·冯·洪堡，语言著作集，M·博勒尔出版，斯图加特 1983

7. 威廉·冯·洪堡，论语言。摘选论文，J·特拉班特出版，慕尼黑 1985
编号 6、7 是两种常用的、带评论与注解的选集。

## 2 书信集

8. 马特森，P.：威廉·冯·洪堡书信目录，两卷，海德堡 1980（转印）
所有已知的、包括现已流失的洪堡书信往来目录，附有发现地点及印制地点说明。
9. 威廉·冯·洪堡，生活及影响：书信、日记及文献，R·弗里泽出版，第二版，达姆施塔特 1986
最新、最全的书信选录，有引言、评述和姓名目录，但无法代替至今尚未出版的全集。

文中引用的个别版本：
10. 威廉·冯·洪堡写给弗里德里希·海因里希·雅科比的书信，A·莱茨曼出版，哈勒（萨勒河畔） 1982
11. 威廉·冯·洪堡写给乔治·海因里希·路德维希·尼可罗维乌斯的信，有两个附录，R·海姆出版，柏林 1894
—附录 1，年轻时的洪堡写给朋友贝尔的信。
12. 威廉·冯·洪堡与卡洛琳娜·冯·洪堡的书信往来，A·v·西多出版，七卷，柏林 1906-1916
13. 歌德与威廉·冯·洪堡和亚历山大·冯·洪堡的书信往来，L·盖格尔出版，柏林 1909
14. 威廉·冯·洪堡写给卡尔·古斯塔夫·冯·布林克曼的信，A·莱茨曼出版，斯图加特文学研究会图书馆第 288 卷，莱比锡 939
15. 威廉·冯·洪堡写给克里斯蒂安·哥特弗雷德·科尔纳的信 ，A·莱茨曼出版，历史研究第 367 册，柏林 1940
16. 弗里德里希·席勒与威廉·冯·洪堡之间的书信往来，S·赛德尔出版，两卷，柏林 1962

## 3 参考文献

17. 威廉·冯·洪堡。弗里兹·G·朗厄整理，载：卡尔·哥德克，德国诗歌史概况，H·雅克布重新出版，14 卷，柏林 1959，502-578；1015-1016
—全面的各有侧重的文献目录。载：弗利特纳&吉尔第四部第五卷，717-742；穆勒&弗尔梅第五部第二卷，331-336；贝尔格拉第 24 部，165-182；威尔克第 32 部，198-212；门策第 55 部，383-393；吉普尔&施米特第 75 部，156-190；特拉班特第 91 部，209-222

—十分有助于专题研究：在第四部第五卷的评论部分，285-700，对洪堡论文有详尽的文献说明并指明相关著作的关键段落。

## 4 文献综述


18. 戈布里勒·冯·毕罗，威廉·冯·洪堡的女儿。从洪堡与其子女的家书（1791-1887）看其生平，A·v·西多出版，柏林 1893，第 23 版 1926
19. 海姆，R.：威廉·冯·洪堡。生平与特写，柏林 1856 （ND 奥斯纳布吕克 1965）
全面且至今尚未被超越的介绍洪堡的最基本的资料。
20. 施普朗尔，E.：威廉·冯·洪堡及其人文思想，柏林 1909
第一本哲学方面的评价性书籍。
21. 哈尔纳克，O.：威廉·冯·洪堡，柏林 1913，出自丛书：精神大师（伟大思想家），文献集，E·霍夫曼出版，第 62 卷
民族主义理想化介绍。
22. 凯勒尔，S. A.：威廉·冯·洪堡及其国家。关于 1800 年前后德国社会生活历史。慕尼黑 1927（新版 哥廷根 1963）
关于洪堡研究的批判论战的转折，从心理角度修正对洪堡的看法。
23. 科塞尔，E.：威廉·冯·洪堡。思想与现实，斯图加特 1967
从历史角度的全面介绍。
24. 贝尔格拉，P.：自述及印象文献中的威廉·冯·洪堡，赖恩贝克（汉堡） 1970
信息充实，但具有批判的道德化倾向。
25. 施库拉，H.：威廉·冯·洪堡。形成与作用，柏林 1970 &杜塞尔多夫 1976
亚历山大传记对洪堡生平的详尽描写。
26. 施威特，P. R.：威廉·冯·洪堡。自传，两卷，哥伦布，俄亥俄 1978/1980
最新最详尽的传记，一位美国历史学者的著作，基于最新的研究水平，但是对洪堡著述的哲学理解不够。


## 5 新的作品集


27. 威廉·冯·洪堡。1767-1967。继承—当代—将来。庆祝洪堡诞辰两百周年纪念活

动之际柏林洪堡大学提供文献，W・哈特克& H・马斯科拉特出版，哈勒 1967
28. 洪堡兄弟在今天。洪堡研究协会论文，H・凯斯勒& W・托姆斯出版，两卷，曼海姆 1968
29. 威廉・冯・洪堡。由远及近，纪念洪堡诞辰 200 周年的三场演讲，H.-J・海多姆，B・利布鲁克斯，T・埃尔魏因，法兰克福（美茵河畔） 1968
30. 洪堡兄弟作品及影响中的普遍主义和科学，K・哈马赫出版，法兰克福（美茵河畔）1976
31. 威廉・冯・洪堡。逝世 150 周年系列演讲，B・施莱哈特出版，柏林 1986
代表了当前对洪堡在各领域作用进行研究的总体现状。
32. 语言—意识—行动。威廉・冯・洪堡论语言概念，K・维尔克，柏林 1986
33. 洪堡—格林—会议，柏林 1985 年 10 月 22-25 日，记录卷，A. 施普罗伊出版，三部，柏林 1986
34. 语言与教育。威廉・冯・洪堡逝世 150 周年撰文，R・霍贝尔格出版，达姆施塔特 1987
35. 诗学—洪堡—诠释学。致 K・穆勒 - 弗尔梅六十华诞，H・穆勒 - 西弗斯& J・特拉班特出版，载：符号学 11，1988，1/2，1-232
36. 威廉・冯・洪堡的语言思想，H.-W・沙尔夫，埃森 1989
37. 莱布尼茨，洪堡比较主义起源，T・D・毛罗 & L・弗尔米伽力，阿姆斯特丹 1989（印制）
编号 31，33，34，36，37 是纪念洪堡逝世 150 周年大会出版物，撰文涉及哲学、政治学、教育学和语言学。

## 6. 关于专题

文中对最新以及特别重要的出版物的引证与论及

关于生平、政治、国家及历史（第一、二章）

38. 马森巴赫，H. F.v.：洪堡兄弟家谱，著名德国人家谱，第五章，第 11 分册，莱比锡 1942，载：德国个人与家庭史族谱—家谱研究中心，18 卷，莱比锡 1939-1943，169-192
39. 哥布哈特，B.：威廉・冯・洪堡政治家，两卷，斯图加特 1896/1899
基本而全面。
40. 迈讷克，F.：威廉・冯・洪堡与德意志国家，载：新评论 31，1920，889-904（ND

载：迈讷克，国家与历史人物，柏林 1933）
41. 德国大学的理念（谢林、费希特、施莱尔马赫、史蒂芬斯、洪堡文稿），E·安利西出版，达姆施塔特 1956（ND 1964）
42. 根布鲁赫，W.：威廉·冯·洪堡谈普鲁士犹太人解放，载：社会、国家、教育 6，1961，119-127
—穆勒 - 弗尔梅，第五部引论，第二卷，1971，13-67
43. 舒尔策，H.：洪堡或自由之悖论，载：第 31 期 1986，144-168
44. 多拿塔拉，D. C.：威廉·冯·洪堡叙述的注释学和关于语言的论述：关于浪漫主义时期的注释学历史。载：交叉点 1990
—列表第四部分（第 19-26 条）

关于教育政策（第二章，3）
45. 谢尔斯基，H.：孤独与自由。德国大学及其改革的理念与形态，赖恩贝克（汉堡）1963
46. 门策，C.：威廉·冯·洪堡的教育改革，汉诺威等地 1975
47. 吕贝，H.：岁月变迁中威廉·冯·洪堡的教育目的，载：本列表第 31 条，1986，169-183
48. 吕贝，H.：威廉·冯·洪堡与艺术博物馆，载：本列表第 31 条，1986，169-183
49. 穆勒，S.：威廉·冯·洪堡与美利坚合众国大学，载：本列表第 31 条，1986，29-34
50. 西蒙，J.：威廉·冯·洪堡——语言哲学与大学改革，波恩大学演讲，1987 年 6 月（未发表）

关于人类学与自然哲学（第三章）
51. 克鲁克霍恩，P.：18 世纪文学及德国浪漫派的爱情观，哈勒 1922，第三版，图宾根 1966
52. 威廉·冯·洪堡的哲学人类学及人类知识理论，F·海讷曼出版，哈勒 1929：出版商作序，7-78
53. 勒罗克斯，R.：威廉·冯·洪堡思想的形成 1794，巴黎 1932
54. 勒罗克斯，R.：威廉·冯·洪堡的比较人类学，巴黎 1958
55. 门策，C.：威廉·冯·洪堡关于人的学说与认识，拉廷根 1965
56. 简，I.：洪堡兄弟在耶拿师从 J·C·罗德学习解剖学，载：埃尔福特大学史撰文（1392-1816），第 14 册，1968/1969，91-97

关于语文哲学

57. 施塔德勒，P. B.：威廉·冯·洪堡的古典观，苏黎世 / 斯图加特 1959
58. 奎琳恩，J.：威廉·冯·洪堡，希腊、典范与历史，里尔 1983
59. 弗拉沙尔，H.：威廉·冯·洪堡及希腊文学，载：本列表第 31 条，1986，82-100

关于美学（第四章）

60. 穆勒 - 弗尔梅，K.：诗学与想象力。关于威廉·冯·洪堡的诗论。附有洪堡写给斯塔尔夫人一文的双语版本，斯图加特 1967
61. 沃尔泫特，G.：根据威廉·冯·洪堡观点思考语言与艺术的关系，载：德国理想主义哲学的语言维度，由 B·希尔 & G·沃尔法特出版，乌兹堡 1982，40-60
62. 赛普勒，H.：真理与主体。市民时代的美学，伯尔尼 / 慕尼黑 1984，其中：消除偶然。威廉·冯·洪堡论历史与类型诗学，223-248
63. 沃尔勒本，J.：威廉·冯·洪堡的美学探索，载：本列表第 31 条，1986，184-211
64. 奥托，W. D.：美学教育。威廉·冯·洪堡艺术理论研究，法兰克福（美茵河畔）1987

关于语言学（第五章）

65. 施坦因塔尔，H.：前言，普通概论及评述，第二期，1884，pass
66. 魏斯格尔伯，L.：语言学中的“新语法”，载：日耳曼－罗曼学月刊 18，1930，241-259
67. 魏斯格尔伯，L.：洪堡语言观中的 Energeia 概念，载：功能的语言 15，1965，1-19
68. 吉普尔，H.：威廉·冯·洪堡现代语言研究创立者，载：功能的语言 15，1965，1-19
69. 克里斯特曼，H. H.：关于语言世界观论点史的撰文，载：科学与艺术学院人文社会类文刊，美因茨 1966，第 7 期，威斯巴登 1967，441-469
70. 吉普尔，H.：威廉·冯·洪堡对现代语言学的意义，载：本列表第 28 条，1968，41-62
71. 科赛利乌，E.：论威廉·冯·洪堡语言类型学。关于对语言学传承的批判撰文，载：比较文学史论文集，Fs. K·怀斯，J·赫斯勒出版，图宾根 1972，107-135
72. 穆勒 - 弗尔梅，K.：论诗学与语言学的关系——威廉·冯·洪堡及浪漫语言概念，载：第 30 期，1976，224-240
73. 诺伊曼，W.：论洪堡语言观的现实意义，载：继承——传承与义务。论民主德国科学院语言学研究历史，J·施密特出版，柏林 1977，101-118
74. 阿斯勒夫，H.：洪堡与理论家语言观，载：方法论者与理论家的普遍语法，A·罗

利& J·斯蒂芬尼出版，里尔 1977，217-241
75. 吉普尔，H. &施密特，P.：浪漫派时期的语言学及语言哲学，图宾根 1979
76. 吉普尔，H.：语言学史上书写真理之困境。关于威廉·冯·洪堡与赫尔德关系之争论，载：语义学。语言学研究，E·科赛利乌名誉主编，第一卷，由 J·特拉班特出版，柏林等地 1981，101-115
77. 奥斯特莱歇尔，W.：洪堡思想之源？论法国启蒙思想对德国浪漫派语言哲学的影响，载：语义学。语言学研究，E·科赛利乌名誉主编，第一卷，由 J·特拉班特出版，柏林等地 1981，117-135
78. 施密特，P.：艺术与语言。论威廉·冯·洪堡其语言哲学与美学的关系，载：语言学 7，1982，40-57
79. 沙尔夫，H.-W.：语言方法。再论乔姆斯基对洪堡的质疑，载：符号学史，A·埃施巴赫& J·特拉班特，阿姆斯特丹 / 费城 1983，205-249
80. 特拉班特，J.：思维的指称。施坦因塔尔的洪堡批判，载：符号学史，A·埃施巴赫& J·特拉班特出版，阿姆斯特丹 / 费城 1983，251-276
81. 容克，K.：论洪堡全集中的概念统一性，载：柏林洪堡大学科学期刊，社会学丛书 33，1984，499-503
82. 施莱拉特，B.：语言的历史性与威廉·冯·洪堡的语言哲学，载：本列表第 31 条，1986，212-238
83. 维尔克，K.：论洪堡语言与思维统一性的哲学与语言学论证，载：本列表第 32 条，1986，9-67
84. 波特兹奥，W.：作为精神活动的语言，载：本列表第 32 条，1986，105-126
85. 波特兹奥，W.：威廉·冯·洪堡及雅克布·格林和威廉·格林的科学概念中语言与创新，载：本列表第 33 条，1986，第一部分，9-26
86. 瑞肯，U.：威廉·冯·洪堡、雅克布·格林及语言起源问题。论语言学理论对 19 世纪启蒙思想的接受，载：本列表第 33 条，1986，第一部分，50-65
87. 波尔舍，T.：语言的内在形式。对洪堡诠释学神秘性的观察，载：本列表第 33 条，1986，第一部分，91-113；载：本列表第 34 条，1987，193-216 和第 36 期，1989，47-65
88. 诺伊曼，W.：威廉·冯·洪堡——没有实践的语言学理论？载：本列表第 33 条，1986，第一部分，126-139
89. 蒂·赛沙勒，D.：威廉·冯·洪堡：语言的类比结构，载：本列表第 33 条，1986，第一部分，140-155；载：本列表第 36 条，1989，67-80
90. 施德特尔，C.："论思维与语言"：介于费希特与赫尔德之间的威廉·冯·洪堡，载：

本列表第 33 条，1986，第一部分，248-262；载：本列表第 36 条，1989，25-46
91. 特拉班特，J.：语言的意义。威廉・冯・洪堡，语言—图像，慕尼黑 1986
92. 特拉班特，J.：回忆与著作。论洪堡的语法研究，载：符号学 9，1986，293-315
93. 吉普尔，H.：洪堡论语言与思维，载：本列表第 34 条，1978，53-85
94. 布尔克哈特，A.：洪堡论对话概念，载：本列表第 34 条，1987，141-173
95. 蒂・赛沙勒，D.：洪堡语言哲学中作品（ergon）与活动（energeia）概念的亚里士多德来源，载：活动与作品。献给尤金・科塞留斯的论文集，约恩・阿尔布莱希特等主编，图宾根 1988，第二卷，29-46
96. 耶戈尔，L.：论说话与理解的个性——威廉・冯・洪堡诠释符号学的维度，诗学与诠释学 13，1988，76-94
97. 伊沃，H.：威廉・冯・洪堡的话语语言。介于世界观与普遍语法，载：本列表第 35 条，1988，67-104
98. 特拉班特，J.：洪堡与维科的想象与语言，载：本列表第 35 条，1988，23-41
99. 拉米什维利，G.：多样性中的统一性。威廉・冯・洪堡思想中的语言学理论基础，波恩 1988
100. 穆勒 - 弗尔梅，K.：威廉・冯・洪堡的语言学补充：其探索的问题，载：本列表第 36 条，1989，181-204
101. 沙尔夫，H.-W.：差异与依赖：洪堡语言思想中的本质与现象，载：本列表第 36 条，1989，125-161

关于（语言）哲学（第五章）
102. 施坦因塔尔，H.：语言之源，与一切知识的终极问题相联系。对比赫尔德与哈曼阐明洪堡的观点，柏林 1851（第 74 页），第四修订版，柏林 1888（20，第 380 页）
103. 施普朗厄，E.：威廉・冯・洪堡与康德，载：康德研究，第 13 期，1908，57-129
104. 施滕泽，J.：威廉・冯・洪堡语言哲学对人文问题的意义，载：语言，第十期，1921/1922，261-274
105. 卡斯厄，E.：威廉・冯・洪堡语言哲学中的康德因素，载：致 P・亨泽尔的贺文，J・宾德尔出版，格赖茨（福格特兰）1923，105-127
106. 波尔诺，O. F.：威廉・冯・洪堡的语言哲学，载：德国教育期刊，第 14 期，1938，102-112
107. 利普布鲁克，B.：语言。威廉・冯・洪堡。从“语言结构及世界观”的形式到“语言内在特征”的运动形态和外部世界接触再到语言辩证运动，语言与意识（七卷），

第二卷，法兰克福（美茵河畔） 1965
108. 普莱纳斯，J.：洪堡谈语言问题。近代批判语言哲学的前提与条件，载：语言问题，H.-G・伽达梅，慕尼黑 1967，31-43
109. 西蒙，J.：哲学与语言学理论，柏林&纽约 1971
110. 海特尔，E.：语言哲学入门，达姆施塔特 1972
111. 西蒙，J.：现代哲学的语言哲学方面，载：语言哲学的方面与问题，J・西蒙出版，弗莱堡 1974，7-68
112. 利德尔，M.：历史、语文、哲学知识。威廉・冯・洪堡与哲学的诠释学转向，载：M・利德尔：理解或解释？，斯图加特 1978，134-159
113. 莱克曼，A.：语言与形而上学。论赫尔德与洪堡语言理性之批判，慕尼黑 1979
114. 波尔舍，T.：语言观。威廉・冯・洪堡语言哲学中人类言语的概念，斯图加特 1981
115. 伯勒，R. E.：威廉・冯・洪堡与路德维希・维特根斯坦的语言概念，载：德国理想主义哲学的语言维度，B・希尔& G・沃尔法特，乌兹堡 1982，190-213
116. 利德，M.：说与听。洪堡语言哲学的辩证关系，载：哲学研究期刊，第 40 期，1986，337-351；载：本列表第 33 条，1986，第一部分，196-216
117. 西蒙，J.：威廉・冯・洪堡的哲学意义，载：本列表第 31 条，1986，128-143
118. 奎琳恩，J.：洪堡语言理论的人类学问题、形成、基础、哲学和历史新解，两卷，国家论，里尔 1987
119. 波尔舍，T.：参照物的还俗。莱布尼茨与洪堡对比语言研究之源的哲学阐释，载：本列表第 37 条，1989

附：德文版参考文献影印对照

# *Einführende Auswahlbibliographie*

Innerhalb der Abschnitte sind die Angaben chronologisch geordnet

## *1. Ausgaben der Werke*

1. Wilhelm von Humboldt's gesammelte Werke (WW), hg. Carl Brandes, 7 Bde., Berlin 1841–52 (ND Berlin 1988)
*Werkausgabe, veranlaßt durch Alexander, thematisch geordnet, mit Briefsammlungen (an Forster und an Wolf) und Gedichten.*

2. Die sprachphilosophischen Werke Wilhelm's von Humboldt, hrsg. und erklärt von H. Steinthal, Berlin 1884
*Ausführlich und fachmännisch kommentierte Teilausgabe.*
3. Wilhelm von Humboldts Gesammelte Schriften (GS), im Auftrag der (Königlich) Preußischen Akademie der Wissenschaften hrsg. v. Albert Leitzmann u.a., 17 Bde., Berlin 1903–36 (ND 1967/68)
   - 1. Abt., Werke, Bde. 1–9, 13 (Leitzmann)
   - 2. Abt., Politische Denkschriften, Bde. 10–12 (Gebhardt)
   - 3. Abt., Tagebücher, Bde. 14–15 (Leitzmann)
   - 4. Abt., politische Briefe, Bde. 16–17 (Richter)
*Bis heute maßgebliche Gesamtausgabe, textkritisch nicht unumstritten, ohne die wissenschaftliche und persönliche Korrespondenz.*
4. Wilhelm von Humboldt, Werke in fünf Bänden, hg. Andreas Flitner und Klaus Giel, Darmstadt 1960–81 u.ö.
   - 1. Bd., Schriften zur Anthropologie und Geschichte (1960)
   - 2. Bd., Schriften zur Altertumskunde und Ästhetik. Die Vasken (1961)
   - 3. Bd., Schriften zur Sprachphilosophie (1963)
   - 4. Bd., Schriften zur Politik und zum Bildungswesen (1964)
   - 5. Bd., Kleine Schriften, Kommentare u.ä. (1981)
*Maßgebliche ‚Studienausgabe', die alle wichtigen Werke enthält, thematisch geordnet, durch einen sehr nützlichen Kommentarband ergänzt, nur einzelne Kostproben aus der Korrespondenz.*
5. W. von Humboldt, Studienausgabe in 3 Bänden, hg. Kurt Müller-Vollmer, 2 Bde., Frankfurt am Main, 1970/71
   - 1. Bd., Ästhetik und Literatur
   - 2. Bd., Politik und Geschichte
*Sachkundig und kritisch einführende, gut kommentierte Studienausgabe, unvollständig.*
6. Wilhelm von Humboldt, Schriften zur Sprache, hg. Michael Böhler, Stuttgart 1983
7. Wilhelm von Humboldt, Über die Sprache. Ausgewählte Schriften, hg. Jürgen Trabant, München 1985
*Nr. 6 und 7: zwei leicht zugängliche, kommentierte und annotierte Teilausgaben, die sich kaum überschneiden.*

*2. Ausgaben der Briefe*

8. Mattson, Philip: Verzeichnis des Briefwechsels Wilhelm von Humboldts, 2 Bde., Heidelberg 1980 (Umdruck)

*Verzeichnis aller bekannten, auch der nicht mehr vorhandenen Briefe von und an Humboldt, mit Fund- und ggf. Druckorten.*

9. Wilhelm von Humboldt. Sein Leben und Wirken, dargestellt in Briefen, Tagebüchern und Dokumenten seiner Zeit, hg. Rudolf Freese, 2. Aufl., Darmstadt 1986
*Jüngste und umfangreichste Briefauswahl mit Einführung, Erläuterungen und Namenregister, kein Ersatz für die immer noch fehlende Gesamtausgabe.*

Im Text zitierte Einzelausgaben:

10. Briefe von Wilhelm von Humboldt an Friedrich Heinrich Jacobi, hg. Albert Leitzmann, Halle a.S., 1892
11. Briefe von Wilhelm von Humboldt an Georg Heinrich Ludwig Nicolovius, mit zwei Anhängen, hg. R. Haym, Berlin 1894 – Anhang 1: Jugendbriefe Humboldts an seinen Freund Beer.
12. Wilhelm und Karoline von Humboldt in ihren Briefen, hg. Anna von Sydow, 7 Bde., Berlin 1906–16
13. Goethes Briefwechsel mit Wilhelm und Alexander von Humboldt, hg. Ludwig Geiger, Berlin 1909
14. Wilhelm von Humboldts Briefe an Karl Gustav von Brinkmann, hg. Albert Leitzmann, Bibliothek des Literarischen Vereins in Stuttgart Bd. 288, Leipzig 1939
15. Wilhelm von Humboldts Briefe an Christian Gottfried Körner, hg. Albert Leitzmann, Historische Studien Heft 367, Berlin 1940
16. Der Briefwechsel zwischen Friedrich Schiller und Wilhelm von Humboldt, hg. Siegfried Seidel, 2 Bde., Berlin 1962

### *3. Bibliographien*

17. Wilhelm von Humboldt. Bearbeitet von Fritz G. Lange, in: Karl Goedeke, Grundriß zur Geschichte der deutschen Dichtung, neu hg. Herbert Jacob, Bd. 14, Berlin 1959, 502–78; 1015–16

– *Umfangreiche Literaturverzeichnisse mit unterschiedlichen Schwerpunkten finden sich u.a. in:* Flitner/Giel Nr. 4, Bd. 5, 717–742, Müller-Vollmer Nr. 5, Bd. 2, 331–336, Berglar Nr. 24, 165–182, Welke Nr. 32, 198–212, Menze Nr. 55, 383–393, Gipper/Schmitter Nr. 75, 156–190, Trabant Nr. 91, 209–222
– *Sehr hilfreich für Spezialstudien: Detaillierte Literaturangaben, auch Hinweise auf einschlägige Abschnitte aus größeren Werken, zu den ein-*

*zelnen Schriften Humboldts finden sich im* Kommentarteil von Nr. 4, Bd. 5, 285–700 pass.

### *4. Biographische Gesamtdarstellungen*

18. Gabriele von Bülow, Tochter Wilhelm von Humboldts. Ein Lebensbild aus Familienpapieren Wilhelm von Humboldts und seiner Kinder 1791–1887, hg. Anna von Sydow, Berlin 1893, 23. Auflage 1926
19. Haym, Rudolf: Wilhelm von Humboldt. Lebensbild und Charakteristik, Berlin 1856 (ND Osnabrück 1965)
*Umfassend und noch immer grundlegend.*
20. Spranger, Eduard: Wilhelm von Humboldt und die Humanitätsidee, Berlin 1909
*Erste auch philosophische Würdigung.*
21. Harnack, Otto: Wilhelm von Humboldt, Berlin 1913 – aus der Reihe: Geisteshelden (Führende Geister). Eine Sammlung von Biographien, hg. E. Hofmann, Bd. 62
*Beispiel einer nationalistisch idealisierenden Darstellung.*
22. Kaehler, Siegfried A.: Wilhelm von Humboldt und der Staat. Ein Beitrag zur Geschichte deutscher Lebensgestaltung um 1800. München 1927 (Neue Ausgabe Göttingen 1963)
*Kritisch-polemische Wende der Humboldtliteratur, eine psychologisierende Revision des herrschenden Humboldt-Bildes.*
23. Kessel, Eberhard: Wilhelm v. Humboldt. Idee und Wirklichkeit, Stuttgart 1967
*Vermittelnde Gesamtdarstellung aus histor(ist)ischer Sicht.*
24. Berglar, Peter: Wilhelm von Humboldt in Selbstzeugnissen und Bilddokumenten, Reinbek bei Hamburg 1970
*Informationsreich einführend, jedoch im Gestus des objektiven Kritikers tendenziös moralisierend.*
25. Scurla, Herbert: Wilhelm von Humboldt. Werden und Wirken, Berlin 1970 und Düsseldorf 1976
*Ausführliche Lebensdarstellung des Alexander-Biographen.*
26. Sweet, Paul R.: Wilhelm von Humboldt. A biography, 2 Bde., Columbus, Ohio 1978/80
*Jüngste und detaillierteste Biographie, das Werk eines amerikanischen Historikers, auf dem neuesten Stand der Forschung, aber mit wenig philosophischem Verständnis für die Texte des Autors.*

## 5. Neuere Sammelwerke

27. Wilhelm von Humboldt. 1767 1967. Erbe – Gegenwart – Zukunft. Beiträge vorgelegt von der Humboldt-Universität zu Berlin anläßlich der Feier des zweihundertsten Geburtstages ihres Gründers, hg. Werner Hartke und Henny Maskolat, Halle 1967
28. Die Brüder Humboldt heute. Abhandlungen der Humboldt-Gesellschaft, hg. Herbert Kessler und Walter Thoms, Bd. 2, Mannheim 1968
29. Wilhelm von Humboldt. Abstand und Nähe, Drei Vorträge zum Gedenken seines 200. Geburtstages von Heinz-Joachim Heydorn, Bruno Liebrucks, Thomas Ellwein, Frankfurt am Main 1968
30. Universalismus und Wissenschaft im Werk und Wirken der Brüder Humboldt, hg. Klaus Hammacher, Frankfurt am Main 1976
31. Wilhelm von Humboldt. Vortragszyklus zum 150. Todestag, hg. Bernfried Schlerath, Berlin 1986
*Repräsentatives Gesamtbild des gegenwärtigen Forschungsstandes auf allen Gebieten, auf denen Humboldt wirkte.*
32. Sprache – Bewußtsein – Tätigkeit. Zur Sprachkonzeption Wilhelm von Humboldts, hg. Klaus Welke, Berlin 1986
*Neuere sprachwissenschaftliche Humboldt-Forschung in der DDR.*
33. Humboldt-Grimm-Konferenz, Berlin 22.–25. Oktober 1985, Protokollband, hg. Arwed Spreu, 3 Teile, Berlin 1986
34. Sprache und Bildung. Beiträge zum 150. Todestag Wilhelm von Humboldts, hg. Rudolf Hoberg, Darmstadt 1987
35. Poetik – Humboldt – Hermeneutik. Studien für Kurt Mueller-Vollmer zum 60. Geburtstag, hg. Helmut Müller-Sievers und Jürgen Trabant, in: Kodikas/Code. Ars Semeiotica 11, 1988, H. 1/2, 1–232
36. Wilhelm von Humboldts Sprachdenken, hg. Hans-Werner Scharf, Essen 1989
37. Leibniz, Humboldt and the Origins of Comparativism, hg. Tullio De Mauro and Lia Formigari, Amsterdam 1989 (im Druck)
*Nr. 31, 33, 34, 36, 37 sind Publikationen von Tagungen aus Anlaß von Humboldts 150. Todestag mit Beiträgen aus Philosophie, Politik, Pädagogik und Sprachwissenschaft.*

## 6. Zu speziellen Themen

Nachweise der im Text zitierten, ferner Hinweise auf die jeweils neuesten und auf besonders wichtige Publikationen.

*a) Zu Leben, Politik, Staat und Geschichte (Teile I und II)*

38. Massenbach, Heinrich Freiherr von: Ahnentafel der Brüder Wilhelm und Alexander von Humboldt, Ahnentafeln berühmter Deutscher, Folge 5, Lief. 11, Leipzig 1942, in: Stamm- und Ahnentafelwerk der Zentralstelle für Deutsche Personen- und Familiengeschichte, Bd. 18, Leipzig 1939–43, 169–192
39. Gebhardt, Bruno: Wilhelm von Humboldt als Staatsmann, 2 Bde., Stuttgart 1896/99
*Grundlegend und umfassend.*
40. Meinecke, Friedrich: Wilhelm von Humboldt und der deutsche Staat, in: Neue Rundschau 31, 1920, 889–904 (ND in: Meinecke, Staat und Persönlichkeit, Berlin 1933)
41. Die Idee der deutschen Universität (Texte von Schelling, Fichte, Schleiermacher, Steffens, Humboldt), hg. Ernst Anrich, Darmstadt 1956 (ND 1964)
42. Gembruch, Werner: Ein Gutachten Wilhelm von Humboldts zur Emanzipation der Juden in Preußen, in: Gesellschaft. Staat. Erziehung 6, 1961, 119–127
– Müller-Vollmer, Einleitung zu Nr. 5, Bd. 2, 1971, 13–67
43. Schulze, Hagen: Humboldt oder das Paradox der Freiheit, in: Nr. 31, 1986, 144–168
44. Di Cesare, Donatella: Ermeneutica della storia e ermeneutica del linguaggio in Wilhelm von Humboldt. Un contributo alla storia dell'ermeneutica romantica, erscheint in: Intersezioni 1990
– die Texte des 4. Abschnitts dieser Bibliographie (19.–26.)

*b) Zur Bildungspolitik (Teil II, 3)*

45. Schelsky, Helmut: Einsamkeit und Freiheit. Idee und Gestalt der deutschen Universität und ihrer Reformen, Reinbek bei Hamburg 1963
46. Menze, Clemens: Die Bildungsreform Wilhelm von Humboldts, Hannover u.a. 1975
47. Lübbe, Hermann: Wilhelm von Humboldts Bildungsziele im Wandel der Zeit, in: Nr. 31, 1986, 241–258
48. Lübbe, Hermann: Wilhelm von Humboldt und die Musealisierung der Kunst, in Nr. 31, 1986, 169–183
49. Muller, Steven: Wilhelm von Humboldt und die Universität in den Vereinigten Staaten von Amerika, in: Nr. 31, 1986, 29–34
50. Simon, Josef: Wilhelm von Humboldt – Sprachphilosophie und Uni-

versitätsreform, Vortrag an der Universität Bonn, Juni 1987 (unveröffentlicht)

*c) Zu Anthropologie und Naturphilosophie (Teil III)*

51. Kluckhohn, Paul: Die Auffassung der Liebe in der Literatur des 18. Jahrhunderts und in der deutschen Romantik, Halle 1922, 3. Aufl. Tübingen 1966
52. Wilhelm v. Humboldts philosophische Anthropologie und Theorie der Menschenkenntnis, hrsg. und eingel. von Fritz Heinemann, Halle 1929: Einleitung des Herausgebers, VII–LXXVIII
53. Leroux, Robert: Guillaume de Humboldt. La formation de sa pensée jusqu'en 1794, Paris 1932
54. Leroux, Robert: L'anthropologie comparée de Guillaume de Humboldt, Paris 1958
55. Menze, Clemens: Wilhelm von Humboldts Lehre und Bild vom Menschen, Ratingen 1965
56. Jahn Ilse: Die anatomischen Studien der Brüder Humboldt unter Justus Christian Loder in Jena, in: Beiträge zur Geschichte der Universität Erfurt (1392–1816), Heft 14, 1968/69, 91–97

*d) Zur Philologie*

57. Stadler, Peter B.: Wilhelm von Humboldts Bild der Antike, Zürich/Stuttgart 1959
58. Quillien, Jean: G. de Humboldt et la Grèce. Modèle et histoire, Lille 1983
59. Flashar, Hellmut: Wilhelm von Humboldt und die griechische Literatur, in: Nr. 31, 1986, 82–100

*e) Zur Ästhetik (Teil IV)*

60. Müller-Vollmer, Kurt: Poesie und Einbildungskraft. Zur Dichtungstheorie Wilhelm von Humboldts. Mit der zweisprachigen Ausgabe eines Aufsatzes Humboldts für Frau von Staël, Stuttgart 1967
61. Wohlfart, Günter: Überlegungen zum Verhältnis von Sprache und Kunst im Anschluß an W. v. Humboldt, in: Dimensionen der Sprache in der Philosophie des Deutschen Idealismus, hg. Brigitte Scheer u. Günter Wohlfart, Würzburg 1982, 40–66
62. Scheible, Hartmut: Wahrheit und Subjekt. Ästhetik im bürgerlichen Zeitalter, Bern/München 1984, darin: Die Abschaffung des Zufalls. Geschichte und Gattungspoetik bei Wilhelm von Humboldt, 223–248

63. Wohlleben, Joachim: Wilhelm von Humboldts ästhetische Versuche, in: Nr. 31, 1986, 184–211
64. Otto, Wolf Dieter: Ästhetische Bildung. Studien zur Kunsttheorie Wilhelm von Humboldts, Frankfurt am Main 1987

*f) Zur Sprachwissenschaft (Teil V)*

65. Steinthal, Heymann: Vorwort, Allgemeine Einleitung und Kommentare zu Nr. 2, 1884, pass.
66. Weisgerber, Leo: ‚Neuromantik' in der Sprachwissenschaft, in: Germanisch-Romanische Monatsschrift 18, 1930, 241–259
67. Weisgerber, Leo: Zum Energeia-Begriff in Humboldts Sprachbetrachtung, in: Wirkendes Wort 4, 1953/54, 374–377
68. Gipper, Helmut: Wilhelm von Humboldt als Begründer der modernen Sprachforschung, in: Wirkendes Wort 15, 1965, 1–19
69. Christmann, Hans Helmut: Beiträge zur Geschichte der These vom Weltbild der Sprache, in: Abhandl. der geistes- und sozialwissenschaftl. Klasse der Akademie der Wissenschaften und der Literatur Mainz 1966, Nr. 7, Wiesbaden 1967, 441–469
70. Gipper, Helmut: Wilhelm von Humboldts Bedeutung für die moderne Sprachwissenschaft, in: Nr. 28, 1968, 41–62
71. Coseriu, Eugenio: Über die Sprachtypologie Wilhelm von Humboldts. Ein Beitrag zur Kritik der sprachwissenschaftlichen Überlieferung, in: Beiträge zur vergleichenden Literaturgeschichte, Fs. Kurt Wais, hg. Johannes Hösle, Tübingen 1972, 107–135
72. Müller-Vollmer, Kurt: Von der Poetik zur Linguistik – Wilhelm von Humboldt und der romantische Sprachbegriff, in: Nr. 30, 1976, 224–240
73. Neumann, Werner: Über die Aktualität von Humboldts Sprachauffassung, in: Erbe – Vermächtnis und Verpflichtung. Zur sprachwissenschaftlichen Forschung in der Geschichte der Akademie der Wissenschaften der DDR, hg. Joachim Schildt, Berlin 1977, 101–118
74. Aarsleff, Hans: Guillaume de Humboldt et la pensée linguistique des Idéologues, in: La grammaire générale des modistes aux idéologues, hg. A. Joly und J. Stéfanini, Lille 1977, 217–241
75. Gipper, Helmut und Schmitter, Peter: Sprachwissenschaft und Sprachphilosophie im Zeitalter der Romantik, Tübingen 1979
76. Gipper, Helmut: Schwierigkeiten beim Schreiben der Wahrheit in der Geschichte der Sprachwissenschaft. Zum Streit um das Verhältnis Wilhelm von Humboldts zu Herder, in: Logos semantikos. Studia linguistica in honorem Eugenio Coseriu, Bd. 1, hg. J. Trabant, Berlin u.a. 1981, 101–115

77. Oesterreicher, Wulf: Wem gehört Humboldt? Zum Einfluß der französischen Aufklärung auf die Sprachphilosophie der deutschen Romantik, in: Logos semantikos. Studia linguistica in honorem Eugenio Coseriu, Bd. 1, hg. J. Trabant, Berlin u.a. 1981, 117–135
78. Schmitter, Peter: Kunst und Sprache. Über den Zusammenhang von Sprachphilosophie und Ästhetik bei Wilhelm von Humboldt, in: Sprachwissenschaft 7, 1982, 40–57
79. Scharf, Hans-Werner: Das Verfahren der Sprache. Ein Nachtrag zu Chomskys Humboldt-Reklamation, in: History of Semiotics, hg. Achim Eschbach und Jürgen Trabant, Amsterdam/Philadelphia 1983, 205–249
80. Trabant, Jürgen: Ideelle Bezeichnung. Steinthals Humboldt-Kritik, in: History of Semiotics, hg. Achim Eschbach und Jürgen Trabant, Amsterdam/Philadelphia 1983, 251–276
81. Junker, Klaus: Überlegungen zur Einheit der Konzeption im Gesamtwerk Wilhelm von Humboldts, in: Wissenschaftliche Zeitschrift der Humboldt-Universität zu Berlin, Gesellschaftswissenschaftliche Reihe 33, 1984, 499–503
82. Schlerath, Bernfried: Die Geschichtlichkeit der Sprache und Wilhelm von Humboldts Sprachphilosophie, in: Nr. 31, 1986, 212–238
83. Welke, Klaus: Zur philosophischen und sprachtheoretischen Begründung der Einheit von Sprache und Denken bei Wilhelm von Humboldt, in: Nr. 32, 1986, 9–67
84. Bondzio, Wilhelm: Sprache als Arbeit des Geistes, in Nr. 32, 1986, 105–126
85. Bondzio, Wilhelm: Sprache und Kreativität im wissenschaftlichen Konzept Wilhelm von Humboldts und Jacob und Wilhelm Grimms, in: Nr. 33, 1986, Teil I, 9–26
86. Ricken, Ulrich: Wilhelm von Humboldt, Jacob Grimm und das Problem des Sprachursprungs. Zur sprachtheoretischen Rezeption der Aufklärung im 19. Jahrhundert, in. Nr. 33, 1986, Teil I, 50–65.
87. Borsche, Tilman: Die innere Form der Sprache. Betrachtungen zu einem Mythos der Humboldt-Herme(neu)tik, in: Nr. 33, 1986, Teil I, 91–113; auch in: Nr. 34, 1987, 193–216 und Nr. 36, 1989, 47–65
88. Neumann, Werner: Wilhelm von Humboldt – Sprachtheorie ohne Praxis?, in: Nr. 33, 1986, Teil I, 126–139
89. Di Cesare, Donatella: Wilhelm von Humboldt: Die analogische Struktur der Sprache, in: Nr. 33, 1986, Teil I, 140–55; auch in: Nr. 36, 1989, 67–80
90. Stetter, Christian: ‚Über Denken und Sprechen': W. von Humboldt zwischen Fichte und Herder, in: Nr. 33, 1986, Teil I, 248–62; ausführlicher in: Nr. 36, 1989, 25–46

91. Trabant, Jürgen: Apeliotes oder Der Sinn der Sprache. Wilhelm von Humboldts Sprach-Bild, München 1986
92. Trabant, Jürgen: Gedächtnis und Schrift. Zu Humboldts Grammatologie, in: Kodikas/Code. Ars semeiotica 9, 1986, 293–315
93. Gipper, Helmut: Sprache und Denken in der Sicht Wilhelm von Humboldts, in: Nr. 34, 1987, 53–85
94. Burkhardt, Armin: Der Dialogbegriff bei Wilhelm von Humboldt, in: Nr. 34, 1987, 141–173
95. Di Cesare, Donatella: Die aristotelische Herkunft der Begriffe ergon und energeia in Wilhelm von Humboldts Sprachphilosophie, in: Energeia und Ergon. Studia in honorem Eugenio Coseriu, hg. Jörn Albrecht u. a., Tübingen 1988, Bd. 2, 29–46
96. Jäger, Ludwig: Über die Individualität von Rede und Verstehen – Aspekte einer hermeneutischen Semiologie bei W. v. Humboldt, Poetik und Hermeneutik 13, 1988, 76–94
97. Ivo, Hubert: Wilhelm von Humboldts Sprache des Diskurses. Zwischen Weltansichten und allgemeiner Grammatik, in Nr. 35, 1988, 67–104
98. Trabant, Jürgen: Phantasie und Sprache bei Vico und Humboldt, in: Nr. 35, 1988, 23–41
99. Ramischwili, Guram: Einheit in der Vielfalt. Grundfragen der Sprachtheorie im Geiste Wilhelm von Humboldts, Bonn 1988
100. Mueller-Vollmer, Kurt: Wilhelm von Humboldts sprachwissenschaftlicher Nachlaß: Probleme seiner Erschließung, in: Nr. 36, 1989, 181–204
101. Scharf, Hans-Werner: Differenz und Dependenz: Wesen und Erscheinung in Humboldts Sprach-Idee, in: Nr. 36, 1989, 125–161

*g) Zur (Sprach-)Philosophie (Teil V)*

102. Steinthal, Heymann: Der Ursprung der Sprache, im Zusammenhange mit den letzten Fragen alles Wissens. Eine Darstellung der Ansicht Wilhelm v. Humboldts, verglichen mit denen Herders und Hamanns, Berlin 1851 (74 S.), 4. erweiterte Auflage, Berlin 1888 (XX, 380 S.)
103. Spranger, Eduard: W. v. Humboldt und Kant, in: Kantstudien 13, 1908, 57–129
104. Stenzel, Julius: Die Bedeutung der Sprachphilosophie W. von Humboldts für die Probleme des Humanismus, in: Logos 10, 1921/22, 261–274
105. Cassirer, Ernst: Die Kantischen Elemente in Wilhelm von Humboldts Sprachphilosophie, in: Festschrift für Paul Hensel, hg. Julius Binder, Greiz (im Vogtland) 1923, 105–127

106. Bollnow, Otto Fr.: Wilhelm von Humboldts Sprachphilosophie, in: Zeitschrift für Deutsche Bildung 14, 1938, 102–112
107. Liebrucks, Bruno: Sprache. Wilhelm von Humboldt. Von den Formen ‚Sprachbau und Weltansicht' über die Bewegungsgestalten ‚innerer Charakter der Sprachen' und Weltbegegnung zur dialektischen Sprachbewegung bei Wilhelm von Humboldt, Sprache und Bewußtsein (7 Bde.), Bd. 2, Frankfurt am Main 1965
108. Pleines, Jürgen: Das Problem der Sprache bei Humboldt. Voraussetzungen und Möglichkeiten einer neuzeitlich-kritischen Sprachphilosophie, in: Das Problem der Sprache, hg. Hans-Georg Gadamer, München 1967, 31–43
109. Simon, Josef: Philosophie und linguistische Theorie, Berlin und New York 1971
110. Heintel, Erich: Einführung in die Sprachphilosophie, Darmstadt 1972
111. Simon, Josef: Sprachphilosophische Aspekte der neueren Philosophiegeschichte, in: Aspekte und Probleme der Sprachphilosophie, hg. Josef Simon, Freiburg 1974, 7–68
112. Riedel, Manfred: Historische, philologische und philosophische Erkenntnis. Wilhelm von Humboldt und die hermeneutische Wende der Philosophie, in: M. Riedel: Verstehen oder Erklären?, Stuttgart 1978, 134–159
113. Reckermann, Alfons: Sprache und Metaphysik. Zur Kritik der sprachlichen Vernunft bei Herder und Humboldt, München 1979
114. Borsche, Tilman: Sprachansichten. Der Begriff der menschlichen Rede in der Sprachphilosophie Wilhelm von Humboldts, Stuttgart 1981
115. Böhle, Rüdiger E.: Der Begriff der Sprache bei W. v. Humboldt und L. Wittgenstein, in: Dimensionen der Sprache in der Philosophie des Deutschen Idealismus, hg. Brigitte Scheer u. Günter Wohlfart, Würzburg 1982, 190–213
116. Riedel, Manfred: Sprechen und Hören. Zum dialektischen Grundverhältnis in Humboldts Sprachphilosophie, in: Zeitschrift für philosophische Forschung 40, 1986, 337–351; auch in Nr. 33, 1986, Teil I, 196–216
117. Simon, Josef: Wilhelm von Humboldts Bedeutung für die Philosophie, in: Nr. 31, 1986, 128–143
118. Quillien, Jean: Problématique, genèse et fondements anthropologiques de la théorie du langage de Guillaume de Humboldt. Jalons pour une nouvelle interprétation de la philosophie et de son histoire, 2 Bde., Thèse d'État, Lille 1987
119. Borsche, Tilman: Die Säkularisierung des tertium comparationis. Eine philosophische Erörterung der Ursprünge des vergleichenden Sprachstudiums bei Leibniz und Humboldt, in: Nr. 37, 1989

# 人名索引

关于洪堡传记的详细人物目录及简要生平参见 H · 斯库拉：第 25 条，622-658

# 德汉关键词对照

本索引注明在重要上下文中出现的关键词：术语与地理名词，以及形容词及其他派生词

A

Absicht
意图

Allgemeinbildung
基础教育

Akademie
科学院

Analogie
类比

Anerkennung
认可

Anthropologie
人类学

Arzt
医生

Ästhetik
美学

Attraktionskraft
吸引力

Aufklärung
启蒙

Ausdruck
表达

B

Basken
巴斯克地区

Bedeutung
意义

Begriff
概念

Berlin
柏林

Bewegung
运动

Bild
图像

Bildung
教育；塑造

Bildungspolitik, -reform
教育政策

Bildungsrecht/Bildungszwang
教育权利 / 教育义务

Blauzac
布劳扎克

Burg-Oerner
厄尔纳堡

C

Charakter
特征

Charaktergemälde
人物画

Charateristik, Charakterkunde, -studium
特征学，特征研究

chemisch
化学的

D

Definiton
定义

Denken
思维

Denkform/Sprachform
思维形式 / 语言形式

Deutschland
德国

Dichter
诗人

Ding
事物

Diplomatie
外交

Du, zweite Person
你，第二人称

Dynamik
动力学

E

Eigenname
专有名词

Einbildungskraft
想象力

Elementarunterricht
基础课程

Empfangen
接受

Empfindung
感受

Empfindsamkeit
敏感性

Energie
能量

Er (dritte Person)
他（第三人称）

Erfurt
埃尔福特

Ergon/Energeia
作品 / 活动

Erkenntnis
认识

Eros
厄洛斯

Erscheinung
现象

Erweckung, Aufweckung
唤醒

Ethik der Individualität
个性伦理

F

Fakultät (Philosophische)
（哲学）院系

Frankfurt am Main
美茵河畔的法兰克福

Frankfurt an der Oder
奥德河畔的法兰克福

Freiheit
自由

G

Gebrauch (der Sprache)
语言运用

Gedanke
思想

Gegensatz, Entgegensetzung
对立

Gegenstand
客体对象

Gelehrter
学者

Genie
天才，天赋

Geschichte
历史

Geschichtsphilosophie
历史哲学

Geschichtsschreiber
历史学家

Geschlecht (sunterschied)
性别（差异）

Gesetz
法律

Gesetzmäßigkeit
合法性

Gespräch
会话

Glück
幸运

Göttingen
哥廷根

Grammatik
语法

Grammatik, allgemeine/philosophische
（普遍 / 哲学）语法

Grammatik des Sprechens
言语语法

Griechen
希腊人

H

Halle
哈勒

Harmonie, prästabilierte
前稳定状态的和谐

Heidelberg
海德堡

Historismus
历史主义

Hören
听

Horen
时序女神

Hugenotte
胡格诺教徒

I

Ich
我；自我

Ideal (des Menschen)
（人类）理想

idealisieren, idealisch
理想化， 理想的

Idee
思想

Idee, ästhetische
美学思想

Individualisierung
个性化

Individuum, Individualität
个体，个性

J

Jena
耶拿

Juden, Konstitution für die
犹太人宪章

K

Karlsbader Beschlüsse
卡尔斯巴德决议

Königsberg
柯尼斯堡

Kopenhagen
哥本哈根

Kopula
系词

Kraft
力量

Kunst, Kunstwerk
艺术，艺术作品

Kunstfreunde, Verein der
艺术之友协会

Künstler
艺术家

Kunstmuseum, preußisches
普鲁士艺术博物馆

L

Lage
形势

Leben
生命

Lehrer (aus) Bildung
教师培训

Leipzig
莱比锡

Lexikon
辞书

Liberalismus
自由主义

Licht/Wärme
光 / 热

Liebe
爱情

Logik
逻辑

London
伦敦

M

Mainz
美因茨

Mannigfaltigkeit
多样性

Maschine
机器

Materie
物质

Mathematik
数学

Mechanik
机械学

mechan (ist) isch
机械（主义）的

Meinung
观点

Mensch, Menschheit
人类

Menschenrechte
人权

Mataphysik
形而上学

Methode
方法

Modifikation
调整

Möglichkeit, das Mögliche
可能性

Monade
单子

N

Nachahmung der Natur
自然模仿

Name
名

Nation
民族

Nationalanstalt
民族机构

Nationalcharakter
民族特性

Natur
自然

Naturgeschichte/Naturwissenschaft
自然史 / 自然科学

Naturphilosophie
自然哲学

Neue, das
新事物

Neustadt an der Dosse
多瑟河畔的诺伊施塔特

Nicht-Ich
非我

Nǐmes
尼姆

Notwendigkeit
必要性

Nützlichkeit, das Nützliche
益处

O

Objekt, Objektivitätät
客体，客观性

Österreich
奥地利

P

Paris
巴黎

Pariser Frieden
巴黎和约

Patronat
资助，庇护

Pempelfort
彭佩尔福德

Personen, grammatische
语法人称

Phantasie
想象

Philosophie, Philosoph
哲学，哲学家

Phoronomie
运动学

Physik (der Weltgeschichte)
（世界史）物理学

Physiognomie, Physiognomik
相面术

Physiologie
生理学

Politik, politische Tätigkeit
政治，政治活动

Politiker
政治家

Pommern
波莫瑞

Potsdam
波茨坦

Präformationstheorie
预定论

Prager Kongreß
布拉格会议

Preußen
普鲁士

Pronomen
代词

Prüfungen, staatliche
国家考试

R

Realität
现实

Rede
言说

Reiz
刺激

Relativismus
相对主义

Religionsedikt von Wöllner
沃尔勒宗教法令

Repulsionskraft
排斥力

Rheinbund
莱茵联盟

Rom
罗马

S

Sache
事物

Satz
语句

Schönheit, das Schöne
美丽

Schöpfung (skraft)
创造（力）

Schulunterricht
中小学课程

Sein
存在

Selbstbewußtsein
自我意识

Selbsttätigkeit/Empfänglichkeit
自为性 / 接受性

Semiotik
符号学

Solipsismus
唯我论

Spanien
西班牙

Spontanität/Rezeptivität
自发性 / 接收性

Sprache
语言

Sprachgefühl
语感

Sprachkunde, Sprachstudium
语言学，语言研究

Sprachphilosophie
语言哲学

Sprachunterricht
语言课程

Sprachvergleich
语言比较

Sprachwissenschaft
语言学

Sprechen
言说行为

Staat (sverfassung)
国家（宪法）

Staatenverein
国家联盟

Staatsrat
国务委员会

Staatstheorie
国家理论

Stil
风格

Stimmung
协调

Subjekt, Subjektivität
主体，主观性

Substanz
本体

Symbol
象征

Synonymie
同义现象

T

Tatsachen
事实

Tegel
泰格尔

Teleologie
目的论

Totälität
独裁专制

Trägheit
惰性

Transformation
转化

Traum
臆想

Trennung/Verbindung
分离 / 结合

Tugendbund
道德联盟

Typus (der Sprache)
（语言）类型

U

Universität
大学

Universität, Berliner
柏林大学

Universitätsunterricht
大学课程

Unterrichtswesen, preußisches
普鲁士教学事务

Urteil
判断

V

Verbum
动词

Verfassung, detsche
德意志宪法

Verfassung ständische (Preußen)
（普鲁士）通用宪法

Vernunft
理性

Verstandeskategorien
理性范畴

Verständigung
交流理解

Verständlichkeit
可理解性

Verstehen
理解

W

Wahlverwandtschaft
选择亲和力

Wahrheit
真理

Wechselwirkung
相互作用

Weimar
魏玛

Welt
世界

Weltansichten
世界观

Widerspruch, Widersprechen
异议，反驳

Widerstand
抗拒

Wien
维也纳

Wiener Kongreß
维也纳会议

Wirklichkeit, das Wirkliche
现实性，现实

Wissen
知识

Wissenschaft
科学

Wort
词语

Z

Zeichen
符号

Zeit
时间

Zeugen, (Er) zeugung
创生

Ziel
目标

Zufall
偶然

Zwang
逼迫

Zweck des Menschen
人类目的

Zweck des Staates
国家目的

Zweck（tätigkeit）
目的性（活动）

Zwischenwelt
中间世界